Johannes Gerloff

Provokativ

Denkanstöße aus Israel

JOTA GmbH
PUBLIKATIONEN

Bibliografische Information der Deutschen Nationalbibliothek
Die Deutsche Nationalbibliothek verzeichnet diese Publikation in der Deutschen Nationalbibliografie; detaillierte bibliografische Daten sind im Internet über http://dnb.ddb.de abrufbar.

Gerloff, Johannes
Provokativ – Denkanstöße aus Israel

© 2016 by jOTA Publikationen GmbH, Hammerbrücke
08262 Muldenhammer

Gesamtherstellung: Seidel & Seidel GbR,
Satz- und Digitaldruckzentrum, Hammerbrücke
08262 Muldenhammer

Umschlagzeichnungen: Josias Gerloff
Fotos: Johannes Gerloff

Best.-Nr.: 449.586
ISBN: 978-3-935707-86-2

Der Journalist und Theologe Johannes Gerloff lebt seit 1994 mit seiner Familie in Israel. Fast zwei Jahrzehnte lang war er Nahostkorrespondent des Christlichen Medienverbunds KEP und der Nachrichtenagentur www.israelnetz.com.

Seit Februar 2016 verantwortet er das Fernsehmagazin Fokus Jerusalem (www.fokus-jerusalem.tv) mit, das wöchentlich auf BibelTV ausgestrahlt wird und in dem Johannes Gerloff die biblischen Impulse spricht.

Inhaltsverzeichnis

Einleitung

Denkanstöße sollten die kurzen und zuweilen provokativen Editorials und Kommentare für den Israelreport sein, die ich seit zweieinhalb Jahrzehnten schreibe. Seit 2015 heißt der „Israelreport", der als Beilage des Christlichen Medienmagazins pro sechs Mal im Jahr erscheint, „Israelnetz Magazin". Manche Artikel in diesem Büchlein waren ursprünglich auch für andere Printmedien gedacht. Praktisch alle Beiträge wurden für diese Veröffentlichung überarbeitet und aktualisiert.

Das Israelnetz Magazin will – wie auch die Internetseite www.israelnetz.com – das Geschehen um Israel erklären. Dabei geht es um das jüdische Volk, das Land zwischen Mittelmeer und Jordan, den Staat Israel, seine Nachbarn, die Eigenarten und Konflikte, die diese Gegend prägen – und manchmal auch um den Gott, der sich als „Gott Israels" identifiziert hat. Wir lernen ihn in der Bibel kennen.

Kaum ein Thema wird so kontrovers diskutiert, wie die Einwanderung des jüdischen Volkes in das Land Israel, die Besatzung der sogenannten palästinensischen Gebiete durch den Staat Israel, die Beziehung zwischen Israelis und Palästinensern. Viele Menschen halten Israel für eine ebenso große Gefahr für den Weltfrieden wie den islamistischen Iran oder das diktatorische Nordkorea. Wenn westliche Spitzenpolitiker vom Frieden – oder auch einem Friedensnobelpreis – träumen, denken sie über eine Lösung des Nahostkonflikts nach.

Religion sollte nach unserer Vorstellung keine Rolle in der Politik spielen. Staat und Kirche sollten streng getrennt werden. So denken wir Europäer nach Renaissance und Reformation, nach der Aufklärung, der Französischen Revolution und insbesondere wir Deutschen nach der Erfahrung von zwei furchtbaren Weltkriegen. Aber ohne die religiösen Denkstrukturen sind die Konflikte in und um Israel, die in letzter Zeit spürbar auf Europa überschwappen, nicht verstehbar.

Ich habe keine Lösungsvorschläge für den Jahrhundertkonflikt zwischen dem jüdischen Staat Israel und seinen arabischen Nachbarn. Aber ich bin davon überzeugt, dass sich jeder Konflikt friedlicher managen lässt. Und vielleicht geben meine Gedanken und Beobachtungen ja Denk- und Gesprächsanstöße, die zu mehr Verständnis unsererseits für die Menschen im Nahen Osten führen? Wohlgemerkt: Denkanstöße will ich geben, „Food for Thought", Gesprächsstoff – nicht Verhaltensempfehlungen für Politiker und schon gar keine Handlungsanweisungen an Militärs oder Friedensaktivisten.

Die Kapitel dieses Büchleins sind in den zehn Jahren zwischen 1999 und 2009 entstanden. Der als „Zweite Intifada" bekannt gewordene Palästinenseraufstand, Israels Rückzug aus dem Gazastreifen, das tragische Ende des legendären Kriegshelden und Premierministers Ariel Scharon, der Zweite Libanonkrieg, sechzig Jahre Staat Israel bis hin zum Gazakrieg „Gegossenes Blei" sind die herausragenden politischen Ereignisse dieser Zeit.

Interessant ist im Rückblick auf alte Berichte und Kommentare, welche Dauerthemen damals wie heute relevant sind. Bemerkenswert ist, dass manches vor wenigen Jahren noch schwer zu vermitteln war. Der Nahe Osten erschien weit entfernt von Mitteleuropa. Heute sind uns der Orient und seine Konflikte sehr nahe gerückt und damit hochaktuell.

Jerusalem, im Sommer 2016

Untrennbar verbunden

„Mehr Evangelium in den Medien" ist Ziel und Motto des Christlichen Medienverbundes KEP, für den ich seit Januar 1999 als Korrespondent in Jerusalem arbeite. Was aber hat Israel und das jüdische Volk mit „Mehr Evangelium in den Medien" zu tun?

Paulus zeigt, dass der geistliche Zustand der nichtjüdischen Völker direkt vom geistlichen Zustand Israels abhängig ist: Durch Israels „Fall", stellt der Apostel fest, „ist den Heiden das Heil widerfahren" (Römer 11,11). Andererseits soll einmal „ganz Israel gerettet werden", wenn „die Vollzahl der Heiden zum Heil gelangt ist" (Römer 11,25f.). Israel und die Gemeinde sind untrennbar miteinander verbunden – in der Vergangenheit und in der Zukunft. Aber wie ist das in der Gegenwart?

Der Prophet Mohammed hat vor 1.400 Jahren beobachtet, dass Juden und Christen zusammengehören. Irgendwie hat der Beduine aus der arabischen Wüste etwas davon geahnt, was die „Leute des Buches" miteinander verbindet.

Ist diese Schicksalsgemeinschaft der Grund für die Hassliebe, die sich wie ein roter Faden durch 2.000 Jahre christlich-jüdischer Beziehungen zieht? Jedenfalls sollte sie Grund dafür sein, dass wir uns für den „Bruder" interessieren. Unsere Arbeit soll einen Teil dazu beitragen, dass daraus eines Tages die Gemeinschaft entsteht, die sich unser Vater im Himmel vorgestellt hat.

Lebendiges Wasser

„Gib mir zu trinken!", bat Jesus die Samariterin vor den Toren der Stadt Sychar (Johannes 4,7). Das Thema „Wasser" schlug eine Brücke zwischen Menschen, die keine Gemeinschaft miteinander haben wollten.

Für die Juden damals waren Samaritaner Feinde. Sie vermischten heidnische Kulte mit dem Glauben an den einen, wahren Gott, setzten sich an Stelle des Volkes Israel im verheißenen Land fest und behaupteten auf dem Berg Garizim eine Alternative zum Heiligtum in Jerusalem (vergleiche 2. Könige 17,24-41).

Jesus findet mit dem Wasser einen Anknüpfungspunkt, um mit dieser Frau über das zu reden, was aus seiner Sicht entscheidend ist: Das Gebet, den Geist, die Wahrheit, den Vater, das Leben, den Messias und das Heil, das „von den Juden kommt" (Johannes 4,22).

Sychar heißt heute „Askar" und ist ein staubiger Vorort der palästinensischen Autonomiestadt Nablus auf Sichtweite des berüchtigten Flüchtlingslagers Balata. Die Samariter von damals sind auf eine kleine Volksgruppe von nicht einmal 1.000 Menschen zusammengeschmolzen. Die meisten leben auf dem Berg Garizim oberhalb von Nablus. Der Jakobsbrunnen ist noch da. Und die Bewohner dieser Gegend lehnen noch immer die Gemeinschaft mit den Juden ab. Außerdem ist Wasser wieder Gesprächsthema.

Für uns ist Wasser eine Selbstverständlichkeit, die fließt, wenn man den Hahn aufdreht. Haben wir deshalb das Staunen verlernt über Gottes Gabe, das „lebendige Wasser"?

Profiliert Stellung beziehen

Am Fuße der Golanhöhen, bei den Jordanquellen, in dem nach dem Herodessohn Philippus benannten Kurort Cäsarea Philippi, fragt Jesus seine Jünger: „Was sagen die Leute ...?" (Matthäus 16,13). Und seine Jünger erzählen ihm, wie das Volk über Johannes den Täufer, Elia, Jeremia und andere Propheten denkt und redet. Es ist wichtig, zu wissen, was unsere Zeitgenossen bewegt.

Dann aber kommt Jesus auf den Punkt: „Was sagt denn ihr ...?" (Matthäus 16,15). Er will wissen, was seine Jünger bewegt. Entscheidend ist nicht, dass Jesus-Nachfolger nacherzählen können, was andere meinen. Entscheidend ist, dass sie sich eine eigene Meinung gebildet haben.

In einer Zeit, in der alles gleich-gültig ist, werden immer mehr Menschen gleichgültig. Objektivität, Ausgewogenheit und Neutralität gehören seltsamerweise auch unter Christen zu den höchsten journalistischen Tugenden. Dabei ist es die Lauheit, die Scheu, sich eindeutig zu positionieren, die unseren Herrn zum Brechen reizt (Offenbarung 3,16).

Unsere Berichterstattung will helfen, informiert und fundiert Stellung zu beziehen. Unsere Zeit und unser Land brauchen Christen, die profiliert bereit sind, ihre Gesellschaft zu prägen. Möge unser Vater im Himmel Gnade dazu geben, dass unsere Stellungnahmen einmal so positiv beurteilt werden wie die Antwort des Simon Petrus: „Du bist der Messias, der Sohn des lebendigen Gottes!" (Matthäus 16,16).

Der Maßstab

Einige wenige grundlegende Fragen halten die israelische Gesellschaft in Atem. „Wer ist Jude?" wird bis in die höchsten Gremien des Staates Israel diskutiert. Die bleibende Erwählung des jüdischen Volkes ist eher in christlichen Kreisen kontrovers Gesprächsthema.

„Wem gehört das Land?" ist die Frage, die Juden wie Christen, Palästinenser und Israelis gleichermaßen, ja die Weltgemeinschaft ganz aktuell beschäftigt. Bombenexplosionen und Friedenssymposien, Baumpflanzungen und Häuserbau, alles ist geprägt von dieser einen Frage.

Beim Beobachten, Zuhören und Überdenken der vorliegenden Fakten ist mir eines wichtig geworden: Alles entscheidet sich am Maßstab, den wir unserer Sichtweise bewusst oder unbewusst zugrunde legen. Eine Vorentscheidung für Humanismus oder Bibel, historische Entwicklungen oder Mehrheitsmeinungen, Mitleidsgefühle oder religiöse Rechthaberei bestimmen das Gesamtbild, in das wir unsere Beobachtungen einordnen.

Die Früchte

Eigentlich hätten wir Christen das jüdische Volk zum Nacheifern reizen sollen. Zumindest erklärte der Apostel Paulus, dass das Heil in Jesus, dem Messias Israels, zu den Heiden gekommen ist, „damit Israel ihnen nacheifern sollte" (Römer 11,11).

Doch schon vor tausend Jahren – lange vor dem Holocaust, vor den Pogromen des 19. Jahrhunderts, vor den mittelalterlichen Judenverfolgungen und den Kreuzzügen – stellte der jüdische Philosoph, Arzt und Rabbiner Maimonides in Ägypten in einer Abhandlung zur Frage des Messias fragend fest: „Gibt es einen größeren Stolperstein als das Christentum ...?!" (Mishneh Torah, Hilchot Melachim U'Milchamoteihem 11,4).

Nachdem ein wenig Vertrauen entstanden war, gestand mir ein junger jüdischer Vater von sechs Kindern: „Weißt du, was wir unsere Kinder lehren, was Christen sind? – Kreuzfahrer, Inquisitoren, Nazis. Christen sind die Leute, die alles daran gesetzt haben, uns physisch oder geistlich auszulöschen."

In Israel steht die Frage immer wieder ganz oben auf der Tagesordnung: „Wer sind die Christen?" Und: „Was wollen sie eigentlich?"

Jesus hat seine Jünger einmal gewarnt: „Seht euch vor vor den falschen Propheten ...!", um ihnen dann einen Maßstab an die Hand zu geben: „An ihren Früchten sollt ihr sie erkennen!" (Matthäus 7,15-20).

Möge uns der Herr die Gnade erweisen, dass wir wirklich „ein Wohlgeruch Christi" (2. Korinther 2,15) sein können.

Steine als Waffen

„Die Jungs da vorne sind gefährlich!", blitzschnell fährt es mir durch den Kopf. Dann schlagen die Steine schon auf mein Auto. Ich bin unterwegs im Bergland von Samaria von der palästinensischen Autonomiestadt Ramallah in Richtung Norden. In Ramallah waren von den Unruhen der vergangenen Tage nur noch die Brandspuren auf den Straßen zu sehen gewesen. Ansonsten war alles wieder ruhig. Das hatten die 8- bis 10-jährigen arabischen Jungen aus dem Flüchtlingslager Dschalasun am Himmelfahrtstag noch nicht begriffen. Deshalb lauerten sie israelischen Autos auf und bewarfen sie mit Steinen.

„Was tun? Bremsen? Aussteigen? Schimpfen? Schreien? Ein Gespräch anfangen? Aber bin ich dem Steinhagel dann nicht ganz schutzlos ausgeliefert?" – Dass Steine Waffen sind, scheint im Ausland nur schwer verständlich zu machen, noch dazu, wenn die Angreifer kleine Buben sind. Dabei wurden im israelischen Bergland schon vor Jahrtausenden Kriege mit Steinen entschieden. Und die Kinder hier wissen, wie man den Reichtum des Landes effektiv einsetzt. Daran hat sich nicht viel geändert seit der Hirtenjunge David den Berufssoldaten Goliath aufs Kreuz gelegt hat.

„Was sind das für Eltern, die ihre Kinder auf die Straße schicken, einer Armee entgegen?" Dieser Gedanke lässt mich nicht los. Aber dann muss ich an den Vater im Himmel denken. Er hat damals den Stein aus der Schleuder Davids an die richtige Stelle gelenkt. Wenn der faustgroße Stein, der die Fahrertür meines Autos getroffen hat, nur 20 Zentimeter höher eingeschlagen hätte, hätte ich nicht weiterfahren – vielleicht nie mehr fahren können. Es sind weder hasserfüllte Steinewerfer noch kaltblütige Militärs, die die Geschicke der Welt lenken, sondern ein unfassbar großer Gott. Weder machthungrige Politiker noch geldgierige Geschäftsleute schreiben die Geschichte der Völker, sondern mein Vater im Himmel. Wenn ich die Beule an meinem Auto betrachte, erfasst mich große Dankbarkeit – und eine tiefe Geborgenheit.

Ein Schimmer am Ende des Tunnels

Im Mai 1999 trat Ehud Barak das Erbe des „Mar Schalom" an. In Anspielung auf den „Sar Schalom", den „Friedefürsten" von Jesaja 9,5, wurde damals – und wird mancherorts bis heute – der am 4. November 1995 ermordete israelische Premierminister Jitzchak Rabin als „Herr des Friedens", „Mar Schalom", verehrt.

Seit September 2000 zerbrach, was viele unverbrüchlich wähnten: Träume von einer friedlichen Koexistenz im Nahen Osten, jahrelange Freundschaften zwischen Juden und Arabern. Der als meist dekorierter Soldat in der Geschichte Israels gefeierte Barak stand schon bald vor einem Scherbenhaufen. Alle Friedenshoffnungen und Friedensinitiativen haben sich seither als Illusionen erwiesen.

Wie ein heller Schimmer am Ende eines langen Tunnels scheinen da die Worte der alten Propheten. „Ich will reines Wasser über euch sprengen, dass ihr rein werdet", verheißt Hesekiel dem jüdischen Volk (Hesekiel 36,25). Und Sacharja weiß von den Philistern/Palästinensern zu sagen: „Ich will das Blut von ihrem Munde wegnehmen und das, was mir ein Gräuel ist, von ihren Zähnen, dass auch sie unserem Gott übrigbleiben und wie ein Stamm in Juda werden" (Sacharja 9,7).

Der Hüter Israels

Im Februar 2001, mitten in der zweiten Intifada, entstanden die folgenden Zeilen – und haben sich seither immer wieder bewahrheitet. Damals trauten sich Freunde nicht, uns zu besuchen. Tatsächlich hörten wir Nacht für Nacht, wie sich Palästinenser und Israelis Gefechte lieferten.

Terrormeldungen besetzen breitspurig die Schlagzeilen. „Kriege und Kriegsgeschrei" lassen sich gut verkaufen. Diese Erfahrung prägt das Journalistenleben. Wen interessiert da noch, dass sich heute zu erfüllen scheint: „... aber über das Haus Juda will ich meine Augen offen halten ..." (Sacharja 12,4)?

„Toda La'El!" – „Gott sei Dank!" bekennen die Eltern vor laufender Fernsehkamera, die ihren Sohn nach einem doppelten Herzschuss auf dem Wege der Genesung sehen, „von den Toten auferstanden". Wer zählt die Straßen- und Autobomben, die ohne Schaden anzurichten oder als „Arbeitsunfälle" schon bei den Vorbereitungen explodiert sind?

Spontan tanzen ultra-orthodoxe Talmudschüler nach einem dieser Vorfälle durch die Straßen Jerusalems: „Nes gadol hayah po!" – „Ein großes Wunder ist hier geschehen!", bekennen sie und der Polizeichef von Jerusalem, Mickey Levy.

„Siehe, der Hüter Israels schläft und schlummert nicht" (Psalm 121,4). Das ist kein frommer Wunschtraum, der vor Jahrtausenden seinen Weg in die Bibel gefunden hat. Das ist im jüdischen Staat Israel an der Schwelle zum 21. Jahrhundert Realität.

Gebet und Stille

Die folgenden Zeilen entstanden Anfang Mai 2001:

Fünf Menschen werden durch eine Bombenexplosion in Petach Tikva verletzt. Schusswechsel zwischen Gilo und Beit Dschalla, Har Choma und Beit Sahur. Palästinenser beschießen den Gusch Katif im Gazastreifen mit Mörsergranaten. Ein vier Monate altes palästinensisches Mädchen wird im Gazastreifen von israelischen Granatsplittern getötet. Die israelische Armee bringt ein libanesisches Schiff auf, das Katjuscha-Raketen, Mienen, Granaten, Panzerfäuste, Boden-Luft-Raketen, Schnellfeuergewehre und 30.000 Schuss Munition in den Gazastreifen bringen will. In der jüdischen Siedlung Itamar im samarischen Bergland wird ein Wachmann tot aufgefunden.

Nach zehn Tagen Vortragsreise in Deutschland holt mich der Alltag im Nahen Osten innerhalb weniger Minuten wieder ein. Die aktuellen Ereignisse erlauben kaum ein Atemholen. Trotzdem ist es gerade in solchen Zeiten entscheidend, zu warten, bis sich der Staub gelegt hat, um eine Perspektive zu ringen, die auch langfristig eine Überlebenschance hat.

Da sind Gebet und Stille entscheidend!

Seit über hundert Jahren Krieg

Und noch ein Text aus der heißen Phase der Zweiten Intifada, der bis heute hochaktuell ist:

„Wir haben doch schon seit über hundert Jahren Krieg hier!", erwidert unser Pastor Ofer Amitai auf meine Frage, wie er mit der spannungsgeladenen Situation hier umgehe.

„Wir Juden können dem Terror nicht entfliehen", erklärt mir ein orthodoxer Freund frustriert, „es ist seit Jahrhunderten so, dass Verfolgung, Angst und Tod uns folgen, wohin wir auch immer gehen." Sein Resümee: „Wir müssen lernen, damit zu leben!"

Der Bettler mit der klappernden Blechbüchse, die Näherin in ihrem engen Kabuff, die Beduinenfrau, die auf dem Boden kauert und auf einem Karton Feigen und Kaktusfeigen feilbietet, der Pizzaverkäufer an der Ecke, sie alle können die Jaffastraße nicht einfach verlassen.

Deshalb steht auch auf den Brettern vor der Pizzeria „Sbarro", die am 9. August 2001 durch einen Bombenanschlag verwüstet wurde: „Mit der Hilfe Gottes öffnen wir am Mittwoch, den 24. Elul 5761!" Das ist der 12. September 2001.

Kopf in den Sand!

Am 12. Oktober 2001 war aktuell:

Der Strauß scheint sich heute zum Vorbild für die Politik des Westens gemausert zu haben. Natürlich meine ich nicht, dass der ehemalige bayrische Landesvater zu späten Ehren gekommen wäre, sondern den Riesenvogel, der hier im Nahen Osten und in Afrika so gerne aufgeplustert durch die Wüste rennt. – „Kopf in den Sand" scheint die Antwort der Nato auf die Kriegserklärung des Osama Bin Laden an die „Juden und Kreuzfahrer" des Westens zu sein.

„Der Islam ist eine friedliche und tolerante Religion!", äußert der britische Premierminister Tony Blair mit Gelehrtenmiene, während seine Kampfpiloten Angriffe auf den fundamentalistischsten aller islamischen Staaten fliegen. Damit stimmt der sympathische Neusozialist in den Chor der westlichen Staatsmänner ein, die vielleicht vor allem sich selbst davon überzeugen wollen, dass ihre weltweiten Koalitionsbemühungen gegen den Terrorismus gerichtet sind – und nicht gegen die dritte monotheistische Religion.

Muslime scheinen das anders zu sehen. „Für uns ist das ein Krieg gegen den Islam!", erklärte Abdel Asis Rantisi, Sprecher der Hamas im Gazastreifen, unverhohlen. Nicht nur in Pakistan und den Palästinensischen Autonomiegebieten scheint es den Menschen ein Herzensanliegen zu sein, ihrer Solidarität mit den muslimischen Brüdern in Afghanistan Ausdruck zu verleihen, indem sie amerikanische Fahnen verbrennen. Was arabische Politiker nicht sagen, spricht Bände.

Gerne würde ich das aus dem Munde muslimischer Führer in islamischen Ländern hören, dass Toleranz gegenüber Andersgläubigen zu den Grundwerten des Islam gehört. Ich würde gerne das islamische Land kennenlernen, in dem Angehörige anderer Religionen dieselben Freiheiten genießen wie Muslime in den „christlichen" Ländern Europas und Amerikas – gerade wenn sie ihre Überzeugungen kompromisslos und missionarisch vertreten. Ich bin bereit, den Muslim kennenzulernen, der sich vor seinen Mitmuslimen zu mir als seinem Freund bekennt, auch wenn bekannt ist, dass ich immer daran festhalten werde, dass sich das Christentum niemals dem Anspruch des Islam beugen sollte und Jesus Christus der einzige Weg zum Heil ist – für ihn, für seine Mitmuslime und für seinen Propheten Mohammed.

Der Islam ist mein Feind. Nicht, weil ich das so bestimmt hätte, sondern weil der Koran das so festlegt – nicht für mich, sondern für jeden, dem die Offenbarung Mohammeds heilig ist. „Ihr Gläubigen! Nehmt euch nicht die Juden und die Christen zu Freunden!", ermahnt der Prophet Mohammed seine Nachfolger in Sure 5,51. „Sie sind untereinander Freunde, aber nicht mit euch. Wenn aber einer von euch sich ihnen anschließt", fährt er unmissverständlich fort, „gehört er zu ihnen, und nicht mehr zu der Gemeinschaft der Gläubigen!" Das heißt im Klartext: Jeder Muslim, der sich auf eine echte Freundschaft mit Juden oder Christen einlässt, exkommuniziert sich dadurch automatisch selbst aus seiner Gemeinschaft der Gläubigen.

Während sich Muslime auf ihre Wurzeln und ihr Buch zurückbesinnen, wäre es vielleicht an der Zeit, dass auch wir Christen uns auf das Ureigentliche des biblischen Evangeliums zurückbesinnen. Jesus hat der Tatsache, dass es Feinde des Evangeliums gibt, ins Auge gesehen. Er hat sie nicht einfach wegbehauptet, wie wir das heute so oft tun, weil es nicht mehr „in" ist, Feinde zu haben. Und Jesus hat seinen Nachfolgern klare Anweisungen gegeben, wie mit Feinden umzugehen ist.

„Liebet eure Feinde!" weist er seine Jünger in Matthäus 5,44 an, und: „Bittet für die, die euch verfolgen!" – Liebe ist mehr als Toleranz. Liebe ist mehr als „den anderen stehen lassen", ihm seinen Lebensraum, die Freiheit seiner Gedanken, Vorstellungen oder Überzeugungen einzuräumen. Liebe ist, auf den anderen, den Feind, zuzugehen, die Gemeinschaft mit ihm zu suchen, ihn kennenzulernen. Liebe ist das, was Jesus selbst uns vorgemacht hat: Selbstaufgabe, bis zum Tod am Kreuz.

„Kopf aus dem Sand!" Diese Parole kann lebensrettend sein. Auf alle Fälle ist sie notwendig. Und wenn wir dann wirklich vom Geist Jesu geleitet sind, kann daraus niemals ein „Ausländer raus!" werden. Vielmehr sollten wir Andersgläubige einladen, nicht nur in unser Land, sondern in unsere Häuser und Familien, in unsere Kirchen und Gemeinden.

Extremistische Muslime sind bereit, ihr Leben zu lassen, um Ungläubige mit sich in den Tod zu reißen. Sind wir als Nachfolger Jesu dazu bereit, unser Leben zu investieren, weil wir eine unerschütterliche Hoffnung auf ewiges Leben haben – auch für die islamische Welt?!

„Die Zwillinge" verkündet ein Plakat in Jerusalem: Aus jüdischer Sicht gibt es zwischen den Zielen des Friedensnobelpreisträgers Jasser Arafat und denen des Erzterroristen Osama Bin Laden kaum Unterschiede.

Und wenige Tage später ging mir beim Gang durch Jerusalem durch den Kopf:

Zwillinge

Nicht erst seit dem Fall der Zwillingstürme in New York macht man sich in Israel Gedanken über Parallelen, Vergleiche und andere „Zwillinge". Seit dem 11. September 2001 drängen sich manche Analogien aus israelischer Sicht aber in besonderer Weise auf. Oder werden sie dem israelischen Volk aufgedrängt?

„Der Mord an Rechav'am Ze'evi ist dasselbe wie das gezielte Töten von gesuchten Terroristen durch den jüdischen Staat." Diese Gleichstellung des dänischen Außenministers Mogens Ly-kketoft erhitzt seit heute morgen die Gemüter auf den Straßen Jerusalems. Dänemarks Chefdiplomat bezeichnete beides als „politische Morde" und stellte damit den israelischen Tourismusminister auf eine Stufe mit palästinensischen Selbstmordattentätern und ihren Anstiftern.

„Arik, räche meinen Vater, wie mein Vater dich gerächt hätte!", forderte Palmach Ze'evi am Grab seines Vaters von Israels Regierungschef. – „Und wie ‚Ghandi' Ariel Scharon gerächt hätte ...!", meint dazu ein Jugendfreund des Ze'evi-Sohnes. Soweit mir bekannt, hat nie weder Ariel Scharon noch irgendein anderer israelischer Politiker seine Macht dazu genutzt, um einen persönlichen Freund und Weggefährten zu rächen.

Es gibt gute Vergleiche und Vergleiche, die ihr Ziel verfehlen. Manche Parallelen treffen ins Schwarze, andere werden nicht ernst genommen. Einige Analogien werden als „politisch korrekt" empfunden, andere sucht man peinlich berührt schnellstmöglich zu übergehen.

„Jasser Arafat ist unser Osama Bin Laden!", hatte Scharon den Amerikanern im September nahezulegen versucht – mit wenig Erfolg. Allen war klar, dass der alte Extremist nur versuchte, aus der Notlage Amerikas persönliches Kapital zu schlagen.

Vielleicht hätte George Bush ja aufgehorcht, wenn Ariel Scharon anders formuliert hätte: „Osama Bin Laden ist euer Jasser Arafat!"? Vielleicht hätte der amerikanische Präsident dann angefangen, darüber nachzudenken, ob das amerikanische Bombardement von Zivilisten in Afghanistan nicht dasselbe ist wie Israels Bombardement von Zivilisten in Beit Dschalla?

Vielleicht hätte Bush dann auch gleich begriffen, dass seine Forderung, Osama Bin Laden „tot oder lebendig" zu fassen, als Aufforderung zum „politischen Mord" missverstanden werden könnte? – Ich kann mir kaum vorstellen, dass der biedere Amerikaner mit dem israelischen Kriegsverbrecher in eine Schublade gesteckt werden möchte.

Vielleicht hätte George Bush aber auch gleich „politisch korrekt" gehandelt, angefangen, mit Osama Bin Laden zu verhandeln, ihm „Land für Frieden" oder gar einen eigenen Staat angeboten? Damit hätte er den Meisterterroristen zwar wohl kaum bekehrt, aber immerhin hätte der US-Präsident damit sein Scherflein beitragen können, um dem Objektivitätswahn der westlichen Welt Genüge zu tun.

Stimmt! Der Vergleich zwischen der Motivation des saudischen Millionärs und der Motivation des palästinensischen Freiheitskämpfers ist ein Schlag ins Wasser. Man kann doch die edle Gesinnung des Friedensnobelpreisträgers Jasser Arafat nicht in einen Topf werfen mit den niederen Gelüsten des feigen Terroristen, der sich in den Bergen von Afghanistan versteckt!

Vielleicht sehen viele Muslime aber auch keinen gar so großen Unterschied zwischen dem Existenzkampf des jüdischen Volkes und dem selbstsicheren Missionseifer des Westens für einen „American Way of Life" oder für eine neue Weltordnung?

Realität und Wunschdenken

„Ich habe die Schnauze gestrichen voll!" Dem einen steht das ins Gesicht geschrieben, der andere spricht es aus. Viele Journalisten hier denken so – manche schon nach wenigen Wochen. Auch ein furchtbarer Anschlag ist nichts Neues, bringt kaum Veränderung, ist nur ein Glied in der langen Kette furchtbarer Ereignisse.

Die beharrlichen Wünsche der Redakteure in Deutschland nach einer „Stimme der Versöhnung" oder einem „Hoffnungsschimmer zur Weihnacht" wirken eher frustrierend. Und wenn man dann ein entsprechendes Zitat erfragt hat, wird man als Berichterstatter oft das dumpfe Gefühl nicht los, dass es im Herzen des Zitierten doch anders aussieht.

Wie gut, dass wir um den Einen wissen dürfen, der heute schon sagt: „Siehe, ich mache alles neu!" Wie gut, dass wir wissen dürfen, dass das Chaos, das Leid und der Tod um uns her die Geburtswehen sind für den Anbruch Seiner Herrschaft. Und wie gut, dass wir beten dürfen: „Maran Ata! Herr, komm doch bald!"

Holocaust mit anderen Mitteln

Gedanken zum Thema „Judenmission"

Eine „Fortsetzung des Holocaust mit anderen Mitteln" ist christliche Judenmission in den Augen orthodoxer Juden. Der württembergische Landesrabbiner Joel Berger betrachtet Judenmission als Beitrag zur Auslöschung des Judentums. Als Sprecher der Rabbinerkonferenz in Deutschland fordert er von den christlichen Kirchen, ihren „Alleinvertretungsanspruch" aufzugeben.

Paulus, Kirchenväter, Inquisition, Kreuzfahrer, Pogrome, Hitler – für jüdische Augen ist das eine direkte, bis zur letzten Konsequenz ausgelebte Linie. Judenmission gehört aus orthodox-jüdischer Sicht neben Scheiterhaufen und Gaskammern zu den Mitteln, die Judenfeinden helfen, ihr Ziel zu verwirklichen. Zweitausend Jahre Kirchengeschichte werden so interpretiert, dass nach christlichem Denken das Judentum seine Daseinsberechtigung verloren habe. Die Heilsverheißungen der Heiligen Schrift seien vom jüdischen Volk auf die christliche Kirche übergegangen. In den vergangenen zweitausend Jahren hat keine andere gesellschaftliche, religiöse oder nationale Größe das jüdische Volk so abgrundtief gehasst und so gnadenlos verfolgt wie das Christentum.

„Adolf Hitler war Christ!" Für jüdisches Denken ist dieser Schluss unumgänglich. Auf Seite 70 seines Buches „Mein Kampf" kommt er zu dem Schluss: „So glaube ich heute im Sinne des allmächtigen Schöpfers zu handeln: Indem ich mich des Juden erwehre, kämpfe ich für das Werk des Herrn." Und hat der „Führer" nicht nur in die Tat umgesetzt, was christliche Theologen von Chrysostomos und Augustin bis Martin Luther gefordert haben? Die ewig gleichen Erfahrungen des jüdischen Volkes als Entgleisung einzelner schwarzer Schafe, nicht wirklich gläubiger Christen, entschuldigen zu wollen, gilt jüdischen Ohren als eher unbeholfener Fluchtversuch aus der Verantwortung.

So kommt es vor, dass eine amerikanische Jüdin das Neue Testament (bevor sie es gelesen hatte) in ihrem Denken unter die Kategorie „antisemitische Literatur" einordnete. „Bethlehem" lag ihrer Meinung nach „irgendwo in der Nähe von Warschau" – „weil dort die schlimmsten Judenhasser wohnen". Ultra-orthodoxen jüdischen Kindern wird beigebracht, christliche Literatur nicht nur nicht zu berühren, sondern mit den Worten aus 5. Mose 7,26 abzulehnen: „Du sollst Ekel und Abscheu davor haben; denn es steht unter dem Bann." In keinem anderen Namen ist dem jüdischen Volk so viel Unheil widerfahren wie in dem Namen Jesus.

Ein Blick auf die „nächstliegenden Missionserfolge des Christentums" ist keineswegs dazu angetan, Juden eines Besseren zu überzeugen. Von Ausnahmen abgesehen, wird der außenstehende Beobachter die messianisch-jüdische Bewegung in Israel in das säkulare Spektrum der israelischen Gesellschaft einzuordnen haben. Der Leiter einer großen judenchristlichen Gemeinde hält „Judentum und Christentum für zwei unterschiedliche Religionen, die sich in allen wichtigen dogmatischen Aussagen grundlegend voneinander unterscheiden". Unter vorgehaltener Hand ist andernorts gar zu hören, dass „das Judentum überhaupt unisraelisch" sei.

„Vor einem halben Jahrhundert wolltet ihr uns physisch auslöschen. Heute macht ihr das geistlich!" Die Worte des israelischen Judenchristen, an christliche Israelbesucher aus Deutschland gerichtet, sind den Worten seiner orthodoxen Volksgenossen zum Verwechseln ähnlich. Ihre Intention aber ist total entgegengesetzt. Der Jesus-gläubige Jude wehrt sich nicht etwa gegen judenmissionarische Aktivitäten seiner Mitchristen. Vielmehr wirft er ihnen einen „geistlichen Holocaust" vor, sollten sie heute dem jüdischen Volk das Heil im Messias Jeschua verschweigen.

„In keinem andern ist das Heil, auch ist kein andrer Name unter dem Himmel den Menschen gegeben, durch den wir sollen selig werden", zitiert er das Zeugnis der ersten Jesus-gläubigen Juden vor dem Sanhedrin in Jerusalem (Apostelgeschichte 4,12). Wenn heute Christen, aus welchen Gründen auch immer, jüdischen Menschen vorgaukeln, sie könnten auf anderem Wege ihr Heil finden, dann hält das dieser Israeli für ein schlimmeres Verbrechen als die Judenvernichtung der Nazis. Denn bei „Jeschua Ha-Maschiach" gehe es schließlich um das ewige Heil des Einzelnen.

Im Spannungsfeld dieser Extrempositionen gibt es eine Vielfalt von Meinungsnuancen. Ganz unterschiedliche Seiten zitieren beschwichtigend den Propheten Habakuk und meinen, dass doch jeder „in seinem [jeweiligen] Glauben leben" solle (Habakuk 2,4). Von der Heiligen Schrift her bleiben allerdings vier Eckpunkte festzuhalten:

1. Die Einzigartigkeit des Messias

„Ich bin der Weg und die Wahrheit und das Leben; niemand kommt zum Vater, denn durch mich" (Johannes 14,6), hatte Jesus von Nazareth seinen Jüngern gesagt. Über den Absolutheitsanspruch kirchlicher Aussagen lässt sich streiten. Den Absolutheitsanspruch von Jesus Christus kann man nur akzeptieren oder ablehnen. Wer diesen Satz aus dem Neuen Testament streicht, tastet den Kern christlicher Identität an. Mit der Person von Jesus steht und fällt jedes Christsein. Entweder er war der, der er selbst zu sein vorgab, oder aber er und seine Nachfolger waren die erfolgreichsten Betrüger aller Zeiten.

2. Die Einzigartigkeit des Volkes

„Gottes Gaben und Berufung können ihn nicht gereuen", schrieb der Apostel Paulus im Blick auf Israel (Römer 11,29). Dabei hatte er nicht irgendeine geistliche Größe idealer Menschen im Blick, sondern seine „Stammverwandten nach dem Fleisch", an deren Stelle er „verflucht und von Christus getrennt" sein wollte (Römer 9,3), das Volk der Juden.

„Du bist ein heiliges Volk dem Herrn, deinem Gott!“, suchte Mose den ehemaligen ägyptischen Sklaven in der Wüste einzuprägen. Nicht etwa, weil Israel besser oder größer wäre als andere Völker. Auch ist es nicht die besondere Religiosität oder Hingabe der Israeliten, die Gott zu seiner Wahl bewegen. „Weil er euch geliebt hat“, begründete Mose das Handeln Gottes, „und damit er seinen Eid hielte, den er euren Vätern geschworen hat“ (5. Mose 7,6f.).

So ist Israel das Volk, dem Gott in ganz besonderer Weise nahe ist und dem er sein Wort anvertraut hat (5. Mose 4,7f.; Römer 3,2). Paulus schrieb: „Ihnen gehört die Kindschaft, die Herrlichkeit, die Bundesschlüsse, die Gesetzgebung, der Gottesdienst, die Verheißungen und die Väter“ (Römer 9,4f.). In einzigartiger Weise ist der Erlöser der Welt in Israel verankert. Wie bei keinem anderen Volk steht am Anfang der Geschichte Israels Gottes Erlösungshandeln (2. Samuel 7,23f.). Keine andere Nation hat die Verheißung, dass sie als Volksganzes gerettet werden wird (Römer 11,26).

Die Unterscheidung zwischen Israel und der Völkerwelt ist einer der Grundzüge der göttlichen Offenbarung und durchzieht die Heilige Schrift vom ersten bis zum letzten Buch. An keiner Stelle im Neuen Testament wird Gottes Erwählung und besondere Begabung des jüdischen Volkes grundsätzlich aufgehoben.

Bis hinein in die Rechtfertigung des Einzelnen, deutet das Neue Testament einen feinen Unterschied zwischen Juden und Nichtjuden an. Es ist der eine Gott, der gerecht macht – aber nicht alle auf die gleiche Weise, sondern „die Juden *aus* Glauben“, aber „die Heiden *durch* den Glauben“ (Römer 3,30). In dem von Paulus in Römer 11 verwendeten Bild vom Ölbaum müssen Nichtjuden aus ihrem ursprünglichen, wilden Ölbaum ausgebrochen und „wider die Natur“ in einen ihnen fremden, den edlen Ölbaum eingepfropft werden. Für Juden ist die persönliche Errettung immer Heimkehr in den ihnen wesensmäßig ursprünglichen Ölbaum. Und in Römer 15,8f. macht Paulus einen Unterschied im Blick auf die Motivation Gottes in seinem Heilshandeln durch Jesus Christus: Dem jüdischen Volk gegenüber sieht er eine Verpflichtung, „die Verheißungen, die den Vätern gegeben sind". Die Triebkraft zur Erlösung der Heidenwelt dagegen ist pure „Barmherzigkeit".

Wenn der Apostel Paulus davon redete, dass es keinen Unterschied zwischen Juden und Griechen gebe, dann sprach er ganz dezidiert von dem einen Gott, der alle rettet (Römer 10,12), von dem einen Messias, der alle zu Erben macht (Galater 3,28), und von dem einen Geist, der alle Glieder der Gemeinde begabt (1. Korinther 12,13). Mit diesen Aussagen griff der Apostel aber nicht die Gesellschaftsordnung seiner Zeit („Sklaven und Freie") an. Auch kritisierte Paulus weder die von Gott gesetzte Schöpfungsordnung („Mann und Frau"), noch die einmalige Erwählung Israels durch den Schöpfer Himmels und der Erde („Jude und Grieche").

Wer Evangelisation unter Juden ausdrücklich als Teil der Weltmission verstanden wissen will, verkennt das einzigartige Wesen Israels im Gegensatz zur Heidenwelt. Begegnung der Gemeinde Jesu mit dem jüdischen Volk ist mehr als nur eine weitere Form der Kontextualisierung des Evangeliums. Eine Missionstheologie, die das außer Acht lässt, steht in der Gefahr, sich selbst „Moab und Seir" gleichzustellen, die sprachen: „Siehe, das Haus Juda ist nichts anderes als alle Völker!" (Hesekiel 25,8), und dadurch ein furchtbares Gottesgericht auf sich zogen.

3. Die Einzigartigkeit von Gottes Handeln

Die Einzigartigkeit Israels beruht allein auf dem Handeln des lebendigen Gottes – oftmals gegen den engagierten Widerstand des jüdischen Volkes. Das schon in der Bibel bezeugte und heute im modernen Israel allgegenwärtige Streben des auserwählten Volkes ist, „zu sein wie alle anderen Völker". Wer die Einzigartigkeit Israels anficht, wendet sich nicht etwa gegen das elitäre Denken der kleinsten unter den Weltreligionen, sondern gegen Gottes ureigenstes Werk.

Gott selbst hat Abraham, Isaak und Jakob erwählt. Gott hat das Volk Israel aus Ägypten und durch die Wüste in das Land Israel geführt. Gott hat ihnen dieses Land gegeben und nach viertausend Jahren Heilsgeschichte den Messias in dieses Volk und Land hineingeboren werden lassen. Gott hat sein Volk zerstreut, und er ist es, der es momentan vor unseren Augen wieder in sein Land sammelt, um es einmal zu „hüten wie ein Hirte seine Herde" (Jeremia 31,10).

Dieser Gott, dessen Weg mit Israel in der Heiligen Schrift nachgezeichnet wurde, hat auch heute noch alles in seiner allmächtigen Hand. Aus dieser Gewissheit heraus dürfen und sollen wir Israel begegnen, gerade auch in dieser unruhigen Zeit.

Zum Handeln Gottes an Israel gehört auch, dass er seinem Volk Augen gegeben hat, die nicht hören, Ohren, die nicht verstehen und Herzen, die sich nicht bekehren und genesen (Jesaja 6,10). Deshalb konnten sie nicht glauben! (Johannes 12,39) Gott selbst hatte seinem Messias versagt, „die verlorenen Schafe des Hauses" zu sammeln, damit dieser seinen Jüngern sagen konnte: „Gehet hin und machet zu Jüngern alle nichtjüdischen Völker!" (Matthäus 28,19). Durch den Fall Israels „ist den Heiden das Heil widerfahren" (Römer 11,11).

4. Die Einzigartigkeit des Auftrags

Aus diesem Handeln Gottes erwächst für die Nachfolger von Jesus ein Auftrag an Israel. Laut Paulus ist das Heil zu einem ganz bestimmten Zweck zu den Heiden gekommen, nämlich „damit Israel ihnen nacheifern sollte" (Römer 11,11). Deshalb rühmt er auch sein Amt als Heidenapostel, ob er nicht durch seine Heidenmission einige seiner jüdischen Stammverwandten zum Nacheifern und so retten könne (Römer 11,13f.).

Darüber, ob wir einen Predigtauftrag an Israel haben, lässt sich streiten. In Römer 10,18 beantwortet Paulus die Frage danach, ob der Grund für Israels Unglauben die fehlende Predigt sei, mit einem klaren Nein. Dass wir dem jüdischen Volk etwas zu sein haben, sollte eigentlich unumstritten sein. Denn eifersüchtig wird man in der Regel nicht auf Besserwisser, sondern auf die, die besser sind oder es besser haben.

Vor zweitausend Jahren hat ein jüdischer Rabbi im Land Israel seine Schüler vor falschen Propheten gewarnt, „die in Schafskleidern zu euch kommen, inwendig aber sind sie reißende Wölfe". Als Echtheitszertifikat zur Verfizierung wahrer Propheten verwies er seine Nachfolger nicht etwa auf die reine Lehre der Prediger oder ihre unverfälschte Auslegung der Heiligen Schrift. Auch Zeichen und Wunder ließ er als Akkreditierungsbeweis der Möchte-gern-Botschafter nicht gelten. „An ihren Früchten sollt ihr sie erkennen", verriet Jesus seinen Jüngern (Matthäus 7,15-23).

Israel und die Ureinwohner

Andere Völker haben immer im Land Israel gewohnt – bevor Abraham in dieses Land kam, als Josua hier eintraf, als Nehemia und Esra die Rückkehr aus dem babylonischen Exil organisierten und auch als die ersten jüdischen Einwanderer der Neuzeit hier eintrafen.

Wer die Bibel aufschlägt, stellt fest, dass sie dem Mythos vom unbewohnten Altneuland nicht huldigt. Im Gegenteil: Die Nachkommen Abrahams mussten das verheißene Land verlassen, weil Gott den Amoritern noch Zeit gewähren wollte. Mose bereitete das Volk vor dem Einzug auf die „Ureinwohner" vor.

Gott hat einen Plan, Vorstellungen und Maßstäbe für die nichtjüdischen Menschen, die in „seinem Land" leben. Deshalb gehören zu unserer Berichterstattung über Israel immer auch das Denken, Verhalten und Ergehen der nichtjüdischen Völker, die im Staat Israel aber auch in den Nachbarländern um Israel herum leben.

Habt ihr keine Angst?

„Habt ihr keine Angst?" werde ich immer wieder gefragt. – „Wer keine Angst hat, ist krank!" Ein Journalist machte meine Antwort sogar zur Schlagzeile. Angst ist ein Schutzmechanismus, den Gott geschenkt hat, damit wir nicht blind in Gefahren rennen.

Wenn die Angst aber herrscht, dann lähmt sie – und kann zur Sünde werden, genau wie wenn aus Vorsorge Sorge wird. Dann stellt sich die Frage, wen wir fürchten: Die Umstände, in denen wir leben, oder den, der diese Umstände in seiner Hand hält (Johannes 16,33).

Wir haben uns entschieden, unseren Vater im Himmel zu fürchten. Wie lange wir das durchhalten? Ich weiß es nicht! Aber ich weiß, dass Gott führt und uns immer wieder mit dem ausstattet, was wir brauchen, um seinem Wort gehorsam zu sein. Das ist nicht immer einfach, aber es lohnt sich!

Aus Erfahrung lernen

„Gaza-Jericho-Zuerst" war das Schlagwort bei der ersten Umsetzung der Abkommen von Oslo Mitte der 1990er-Jahre. Mehr als zwei Jahrzehnte danach sind wir genauso weit: Außer Gaza, das von einem Hochsicherheitszaun umgeben ist, und Jericho, das seit eh und je als verschlafen galt, sind alle palästinensischen Autonomiegebiete wieder unter israelischer Kontrolle.

Was 2016 von 1994 trennt, sind eine Menge Erfahrungen und Tausende von Toten und Verletzten. Die „Miesmacher" von damals unkten, die Palästinenser würden sowieso nur einen Terrorstaat aufbauen und ihn als Operationsbasis für Anschläge gegen Israel nutzen – und haben leider recht behalten. Wo immer Israel „Land für Frieden" gegeben hat, hat es Raketen für die Abgabe von Land erhalten. Das gilt nicht nur für den Gazastreifen, sondern auch für den Sinai und den Libanon.

Die Frage ist, wie wir mit diesen so teuer erkauften Erfahrungen umgehen werden? Werden wir daraus lernen? Festzuhalten wäre, dass eine immerhin spürbare Ruhe herrscht, seit die israelische Armee in der Palästinensischen Autonomie sitzt. Aus Sicht vieler Israelis und Palästinenser, die sich nichts als ein ruhiges Leben wünschen, ist das Status quo nicht die schlechteste Option.

Der Blick nach oben

Ein vielsagender Blick und der Zeigefinger in Richtung Himmel war die Antwort auf die Frage, wie er mit der ständigen Bedrohung umgehe. Der „extremistische Siedlerführer" steht bei den Palästinensern auf der „schwarzen Liste", zum Abschuss frei. Bewaffnet ist er immer. Aber ansonsten bewegt er sich ohne kugelsichere Weste im allseits bekannten, nichtgepanzerten Privatwagen in seiner Heimat Samaria.

In diesen Tagen feiert das jüdische Volk das Laubhüttenfest. Acht Tage wohnen fromme Juden in einer „Sukka", einer Laubhütte. Durch das Laubdach müssen nachts die Sterne sichtbar sein. Sinn der Sache: Einmal im Jahr soll jeder erfahren: Wir haben hier keine bleibende Stadt. Wir sind vollkommen abhängig von unserem Vater im Himmel.

Angesichts von „11. September", Weltwirtschaftskrise und Rekordflut steht die Frage nach echter Absicherung im Raum. Lassen Sie uns Schätze sammeln, wo weder Motten noch Rost sie fressen, und wo die Diebe nicht einbrechen und stehlen können! (Matthäus 6,19)

Der 11. September

Gedanken zum ersten Jahrestag des „Angriffs auf Amerika"
(am 2. September 2002)

„Wendepunkt in der Geschichte" soll der „Angriff auf Amerika" sein. Der dreifache Mega-Terroranschlag auf das World-Trade-Center in New York und das Pentagon in Washington hat die westliche Welt verändert. Dieser Eindruck ist unvermeidlich, wenn man beobachtet, was euro-amerikanische Medien dieser Tage in alle Welt tragen. Die USA bereiten sich darauf vor, den ersten Jahrestag mit typisch amerikanischem Aufwand zu begehen.

Israel leidet mit seinen amerikanischen Freunden. Das liegt zum einen an der engen Beziehung in allen Bereichen, die die kleine jüdische Demokratie im islamischen Nahen Osten zum großen Bruder jenseits des Ozeans genießt. Viele Israelis stammen aus Amerika, haben dort längere Zeit gelebt oder träumen davon, im Land der unbegrenzten Möglichkeiten einmal zu Ruhe und Wohlstand zu kommen. Zum anderen machen sich die wirtschaftlichen Auswirkungen des Zusammenbruchs der beiden Zwillingstürme von New York in Israel ganz direkt bemerkbar.

„Was wäre, wenn uns das passieren würde?", ist ein Gedanke, der viele bewegt. Unwillkürlich gehen unsere Blicke nach oben. Der Verkehrsjet schwebt im Landeanflug auf den Ben-Gurion-Flughafen dicht über den größten Ballungsraum Israels. „Man denkt natürlich daran, was wäre wenn ...", meint der Sicherheitsmann vor dem Azrieli-Center, den „Zwillingstürmen" von Tel Aviv, mit einem vielsagenden Blick, während er meine Tasche untersucht. Bereits Ende September 2001 machten im Internet Fotomontagen die Runde, wie ein Angriff auf die Türme des Azrieli-Centers aussehen könnten.

„Wie hätte Amerika reagiert, wenn es so eine Terrorkampagne erlebt hätte, wie Israel in den vergangenen Monaten?", wird oft gefragt. Zwischen 29. September 2000 und 31. August 2002 hat das israelische Militär 14.267 Anschläge palästinensischer Terroristen registriert. Dabei kamen 610 Israelis ums Leben. Im Verhältnis zur Gesamtbevölkerung wäre das so, wie wenn die USA durch Terroranschläge mehr als 28.000 Einwohner verloren hätten. Natürlich ist das ein makabres Rechenexempel. Aber die Frage steht greifbar im Raum: Warum unterstützt die Welt den Krieg der USA gegen den Terror (fast) vorbehaltlos, während sie Israel ständig zur Zurückhaltung auffordert?

Die Bedrohung durch den islamischen Terror ist für Israel seit Jahren Realität. Insofern hat sich mit dem 11. September für Israelis wenig verändert. Auch wer ein pauschales Szenario „Islam gegen die westliche Welt" ablehnt, kommt an der Tatsache nicht vorbei, dass es eine islamische Ideologie ist, die junge Menschen die Motivation zu Selbstmordattentaten gibt – eine Ideologie, die von islamischen Führern in der islamischen Welt gegenüber Muslimen (wenn überhaupt) nur selten verurteilt wird.

Es ist derselbe religiöse Hintergrund, der die Flugzeugentführer Osama Bin Ladens und die palästinensischen Selbstmordattentäter auf den Straßen Israels in den Tod treibt. Und an noch einem Punkt stimmt die Parallele: Die Attentäter kommen zum überwiegenden Großteil nicht aus der verzweifelten Unterschicht von Aussichtslosigkeit geprägter Slums – sondern aus einer gut gebildeten und nicht selten gut bemittelten Mittelschicht.

„Wann wird der Westen erkennen, dass der Kampf, in dem Israel steht, der Kampf um Zivilisation und Kultur der westlichen Welt ist?", fragen immer mehr säkulare Israelis. Religiöse Juden sprechen mit bedeutungsvollem Nicken und erhobenem Zeigefinger vom „Anfang des Endes der Weltmacht USA". Dabei verweisen sie darauf, dass der Westen mit seinen Antiterrormaßnahmen zwar die Symptome des islamischen Terrors bekämpft, die eigentliche geistliche Auseinandersetzung mit der Großmacht Islam aber scheut. Der „naive Dialog der Religionen", wie das Hamburger Nachrichtenmagazin „Der Spiegel" christliche Anbiederungsversuche an den Islam bezeichnet hat, mag dafür als Paradebeispiel dienen.

Aber für apokalyptische Spekulationen bleibt Israel kaum Muse. Der Konflikt an Israels Nordgrenze schwelt und kann jederzeit zum Ausbruch kommen. Täglich beschießen die radikal-islamischen Hisbollah-Milizionäre israelische Ziele mit Artillerie und Raketen. Viele Al-Qaida-Kämpfer sollen dort Zuflucht gefunden haben. Israel weiß, dass die Hisbollah nicht im luftleeren Raum operiert. Die Kämpfer der „Partei Allahs", wie „Hisb-Allah" übersetzt heißt, genießen weit mehr als die wohlwollende Duldung Syriens und des Iran. Auf den Straßen in Gaza und Bagdad, Beirut und Khartoum sind Osama Bin Laden und Saddam Hussein offen gefeierte Helden. Siegessicher gibt sich der junge Händler im arabischen Souk von Jerusalem: „Auch wenn es uns viele Opfer kosten wird, der Islam wird das letzte Wort behalten!"

Nicht durch Heer oder Kraft

„Es soll nicht durch Heer oder Kraft, sondern durch meinen Geist geschehen." Serubbabel hatte sich unter diesem Motto um den Wiederaufbau des Tempels bemüht. Heute stehen diese Worte aus Sacharja 4,6 auf dem siebenarmigen Leuchter vor Israels Parlament.

„Warum setzt Israel dann noch seine Armee ein?", fragen viele Christen und können den anklagenden Unterton kaum verbergen.

„Sorgt nicht um euer Leben, was ihr essen und trinken werdet." Jesus hat diese Anweisung an seine Nachfolger begründet: „Nach dem allem trachten die Heiden. Euer himmlischer Vater weiß, dass ihr all dessen bedürft" (Matthäus 6,25.32).

Wie viele Ressourcen von Sparbüchern und Versicherungen würden frei, wenn wir selbst nach den Maßstäben lebten, die wir so ohne weiteres dem jüdischen Volk abverlangen?

Sacharja 4,6 steht auf der Menorah, die einst das älteste Parlament der Welt, das britische, dem damals jüngsten Parlament, der Knesset, schenkte.

Der Irakkrieg

Wie versiegelt man einen Raum zum Schutz gegen einen Gasangriff? Welche Lebensmittel sollten für alle Fälle im Haus sein? Wie setzt man eine Gasmaske auf? Das sind die Fragen, die *[im Februar 2003]* in der israelischen Bevölkerung diskutiert werden.

Viele Bewohner der Küstenebene sehen sich seit Wochen nach einer Ausweichmöglichkeit um, haben Hotelzimmer am Toten Meer, in Jerusalem oder Eilat reserviert, oder ein Flugticket ins Ausland gebucht.

Eine Broschüre der Abteilung „Heimatfront" der israelischen Armee klärt die Bevölkerung auf, welche Art biologischer oder chemischer Angriffe möglich ist und wie man sich am sinnvollsten auf den Ernstfall einrichtet. Auch wenn ein Raketenangriff des Irak von Militärexperten für unwahrscheinlich eingestuft wird, man will auf alle Fälle vorbereitet sein.

Dabei bleibt aber immer noch Zeit und Nerv für die Diskussion, ob die Familienmutter auf der Titelseite der Armeebroschüre mit einem Rollkragenpullover ausreichend züchtig gekleidet ist. Teile der ultra-orthodoxen Bevölkerung haben sich vorsorglich entschlossen, die Verteilung des Heftes erst einmal zu boykottieren.

Manchmal zwischen den Zeilen, manchmal offen, kommt die Genugtuung darüber zum Ausdruck, dass Amerika jetzt endlich ernst macht mit dem Machthaber im Zweistromland, der sich die Vernichtung des jüdischen Staates so offen auf die Fahnen geschrieben hat. Im Rahmen der weltweiten Antikriegsdemonstrationen verschafften sich auch in Tel Aviv Kriegsgegner Gehör. Insgesamt ist die Debatte um den anstehenden Golfkrieg im sonst so diskussionsfreudigen jüdischen Volk aber eher verhalten, seltsam still.

Den Widerstand der Europäer gegen das Vorhaben der Amerikaner können die meisten Israelis nicht verstehen. Nicht Loyalitätsgefühle gegenüber dem großen Protektor werfen hier ernsthafte Fragen auf. Eigentlich müsste doch gerade Europa verstehen, dass man einem massenmörderischen Diktator, der nicht davor zurückschreckt, das eigene Volk zu vergasen, rechtzeitig mit allen Mitteln Einhalt gebieten muss.

Eher profitlich wird immer wieder daran erinnert: „Was wäre, wenn wir 1981 nicht den irakischen Atomreaktor Osirak bombardiert hätten?!" Durch den tragischen Tod des ersten israelischen Astronauten am 1. Februar 2003 beim Absturz der Raumfähre Columbia wurde dieser Militärschlag ganz aktuell. Ilan Ramon war einer der wagemutigen israelischen Piloten, die den Präventivschlag gegen den Irak durchführten.

„Wie hast du dich auf den Krieg vorbereitet?" Auf diese Frage ist im Gespräch unter Freunden aber auch immer wieder der vielsagende, nach oben gerichtete Zeigefinger zu sehen. „Meine Hilfe kommt vom Herrn, der Himmel und Erde gemacht hat!" (Psalm 121,2) Das ist für viele Israelis, die vom eigenen Militärdienst her um die Grenzen ihrer Armee wissen, mehr als nur ein Gebet in der Synagoge.

Wir haben einen Vater im Himmel, ohne dessen Willen nicht ein Haar von meinem Kopf verloren geht (Lukas 21,18). Ohne seine Zulassung kann weder Saddam Hussein noch Osama Bin Laden auch nur einen Atemzug tun.

Ein biblischer Trend

Erweckung der Heidenvölker durch Israels Vollzahl
(Römer 11,12-27)

Im jüdischen Glauben liegen die historischen Wurzeln der Gemeinde Jesu. Das Heil kommt von den Juden (Johannes 4,22). Die Heilige Schrift der Christen ist eine Sammlung von Büchern, die jüdische Menschen verfasst haben. Wer den christlichen Glauben verstehen will, stößt unweigerlich auf Israel. Nicht erst seit das deutsche Volk im Dritten Reich furchtbare Schuld auf sich geladen hat, ist unsere Geschichte ohne das jüdische Volk und seinen Einfluss undenkbar.

Der Nahostkonflikt scheint auch eher kühl veranlagte Beobachter zu einer Stellungnahme zu zwingen. Ungewöhnlich ist, wenn eine Woche vergeht, in der in Israel nichts Außergewöhnliches geschieht, der jüdische Staat nicht in die Schlagzeilen gerät. In Gemeinde und Theologie ist die Bedeutung des jüdischen Volkes für die Gegenwart unbestritten. Hitzig wird die Diskussion um den Auftrag der Gemeinde Jesu an Israel geführt.

Dass das jüdische Volk unterschieden von den Nichtjuden eine Zukunft hat, wird von denen bestritten, die sich als „geistliches Israel" an Israels Stelle wähnen. Jüdische Menschen hätten demnach lediglich eine Hoffnung, wenn sie sich der christlichen Kirche anschließen und ihre jüdische Identität darin aufgeben. Theologen, die mit dem Apostel Paulus daran festhalten, dass „Gottes Gaben und Berufung ihn nicht gereuen" können (Römer 11,29), sehen dagegen, dass Gott auch künftig an der Unterscheidung zwischen Israel und den Heidenvölkern festhält. Eine Eschatologie ohne Israel ist undenkbar.

Erstaunlich ist allerdings, dass selbst bei Christen, die einen Blick für die bleibende Bedeutung des jüdischen Volkes haben, der Zusammenhang zwischen einer künftigen Erweckung der nichtjüdischen Völker und dem Volk Israel kaum zur Sprache kommt. Dabei ist doch genau dieser unauflösbare Zusammenhang das

Hauptanliegen des Paulus in den zentralen Kapiteln des Römerbriefes: Der geistliche Zustand der Heidenvölker ist direkt abhängig vom geistlichen Zustand Israels – gestern, heute und auch in Zukunft.

In einem ersten Schritt zeigt der Apostel, wie das Heil erst durch den Fall Israels zu den Heiden kommen konnte. Jesus von Nazareth war und ist zuallererst der Messias Israels. „Ich bin nur gesandt zu den verlorenen Schafen des Hauses Israel" (Matthäus 15,24; vergleiche Matthäus 10,6), hatte er einst seine Jünger gelehrt. Deshalb musste Paulus das Evangelium auch immer „zuerst den Juden" verkündigen. Erst deren Ablehnung Jesu als Messias und Erlöser Israels machte den Weg frei zu den Nichtjuden (vergleiche zum Beispiel Apostelgeschichte 13,46).

Das war für Paulus nicht nur ein theologisches Kuriosum. Zu Recht musste sich Petrus den Vorwurf gefallen lassen: „Du bist zu Männern gegangen, die nicht Juden sind, und hast mit ihnen gegessen!" (Apostelgeschichte 11,3). Erst nachdem Paulus auf breiter Front die Ablehnung des Evangeliums von Jesus Christus durch das jüdische Volk festgestellt hatte, konnte er verkünden: „So sei es euch kundgetan, dass den Heiden dies Heil Gottes gesandt ist; und sie werden es hören!" (Apostelgeschichte 28,28).

In einem zweiten Schritt zeigt Paulus, dass dies nicht nur für die Vergangenheit gilt: Auch in der Gegenwart ist die Gemeinde Jesu geistlich vom jüdischen Volk abhängig. Dazu gebraucht der Apostel das alte biblische Bild vom Ölbaum und seinen Zweigen (Römer 11,17-24).

Der Olivenbaum war im antiken Orient nicht nur ein entscheidender Wirtschaftsfaktor, in der Bibel stehen seine Früchte und die daraus gewonnenen Produkte für Reichtum, Luxus und Segen. Abgesehen von der täglichen Nahrung lieferte er Licht, Kosmetik und Heilung. Deshalb steht das Öl als Symbol des Geistes Gottes und seiner Gnadengaben.

Im Propheten Jeremia wird Israel als „grüner, schöner, frucht-barer Ölbaum" bezeichnet (Jeremia 11,16). Paulus konkretisiert den Reichtum dieses Ölbaumes: Den Israeliten gehören die Gotteskindschaft, die Gegenwart des lebendigen Gottes, die Bundesschlüsse, das Wort Gottes einschließlich dessen Weitervermittlung, der Gottesdienst, die Verheißungen, die Väter und der Messias (Römer 9,4f.).

Seinen nichtjüdischen Lesern macht der Apostel klar, dass sie lediglich Zweige im Ölbaum sind, und: Nicht du trägst die Wurzel, sondern die Wurzel trägt dich (Römer 11,18). Ein nichtjüdischer Nachfolger Jesu wurde als wilder Zweig in den Ölbaum eingepfropft. Erst sekundär hat er an der Wurzel und dem Saft des Ölbaumes Teil bekommen (Römer 11,17).

Daraus folgt ein Drittes: Auch die geistliche Zukunft der nichtjüdischen Welt steht in einem direkten Zusammenhang mit dem geistlichen Zustand des jüdischen Volkes. Ausgehend von der historischen Abfolge, dass der Fall Israels zum Heil für die Heiden wurde, zeigt Paulus eine atemberaubende Perspektive auf, die weit über die Errettung ganz Israels hinausgeht: „Wenn aber schon ihr Fall Reichtum für die Welt ist und ihr Schade Reichtum für die Heiden, wie viel mehr wird es Reichtum sein, wenn ihre Zahl voll wird" (Römer 11,12).

Paulus zeigt hier eine heilsgeschichtliche Gesetzmäßigkeit auf, die ihre Gültigkeit bis zum heutigen Tage nicht eingebüßt hat. Die Heiden haben nicht nur in der Vergangenheit aus dem Bruch im Verhältnis zwischen Gott und seinem Volk profitiert, sondern sie werden noch viel mehr dadurch gesegnet werden, wenn die Beziehung zwischen Israel und seinem Gott geheilt werden wird. Drei Verse weiter sagt Paulus dasselbe noch einmal in anderen Worten: „Wenn ihre Verwerfung die Versöhnung der Welt ist, was wird ihre Annahme anderes sein als Leben aus den Toten?!" (Römer 11,15).

Der Ausdruck „Leben aus den Toten" kommt nur an dieser Stelle im Neuen Testament vor. Traditionell deuten ihn Ausleger als einen Hinweis auf die Auferstehung von Toten. Die Frage aber bleibt, warum Paulus dann nicht gleich von der „Auferstehung von den Toten" geschrieben hat, wenn er das meinte?

In Römer 6,13, nur wenige Kapitel vor unserem Text, gebraucht der Apostel, ebenfalls einmalig, einen ganz ähnlichen Ausdruck. Er fordert seine Leser dort auf, sich selbst Gott hinzugeben, „als solche, die tot waren und nun lebendig sind". Wörtlich müsste man diesen Begriff übersetzen „als aus den Toten Lebende". Gemeint sind ganz eindeutig Leute, die „erweckt" sind, die ihr Leben dem Heiland Jesus anvertraut haben, mit seinem Heiligen Geist erfüllt wurden und sich so ihres ewigen Heils gewiss sein dürfen. An „Auferstandene" gerichtet macht diese Ermahnung wenig Sinn.

Aufgrund dieser Parallele gehe ich davon aus, dass Paulus für die nichtjüdischen Völker eine Erweckung von bislang unbekanntem Ausmaß voraussagt, wenn die Beziehung Gottes mit seinem Volk geheilt wird. Der „Reichtum", den die Heidenwelt durch Israels Fall erfahren hat, war die Entstehung der weltweiten Gemeinde Jesu, wie wir sie heute kennen. „Mehr Reichtum" könnte ein Gemeindewachstum weltweit bedeuten, wie wir es uns heute in unseren kühnsten Träumen nicht auszumalen wagen.

Der Schlüssel dazu sind allerdings nicht etwa neue Missionsstrategien, mehr Geld für Evangelisation oder geistlichere Gebetspraktiken, sondern einzig Gottes Handeln an seinem Volk Israel. Deshalb ist die Beschäftigung mit dem Thema Israel zwingend, nicht nur für „Israel-Fans", sondern für jeden, der am unerlösten Zustand dieser Welt leidet. Und deshalb ist es so wichtig, dass wir als Gemeinde Jesu unseren biblischen Auftrag am jüdischen Volk wahrnehmen.

Ein Euphemismus

April 2003:

„Wer von einem ‚Friedensprozess' redet, verwechselt das erwünschte Ergebnis mit der Realität!" Gerald M. Steinberg, Professor für Konfliktmanagement und Verhandlungsprogramme an der Bar-Ilan-Universität in Ramat Gan sprach aus, was vielen hier im Lande schon lange schwant.

Sein Kollege Schlomo Avineri, Professor an der Hebräischen Universität in Jerusalem und ehemaliger Generaldirektor des israelischen Außenministeriums, schob nach: „Israel und die Palästinenser sind im Krieg. ‚Konflikt' ist ein Euphemismus. Sie töten uns, wir töten sie. Die Frage ist, wie wir mit dieser Situation fertig werden?"

Beide Akademiker sprachen auf einem Seminar zur aktuellen Lage im Nahen Osten. Weder Journalisten noch Politiker waren als Referenten geladen. Ausdrücklich wollte man sich der Realität stellen.

Genau das wollen wir mit unserer Berichterstattung auch tun, auch wenn uns das manchmal als Schwarzmalerei oder gar Hetze ausgelegt wird. Eine realistische Beurteilung der Lage ist Grundvoraussetzung, wenn wir in unserer Welt etwas verändern wollen.

Der Dampf ist raus

Der Dampf ist raus. Das scheint bei vielen Palästinensern der Fall zu sein. Nach zehn Jahren Oslo-Prozess sind sie desillusioniert, nach drei Jahren Al-Aqsa-Intifada kriegsmüde.

Der Dampf ist raus. Das gilt auch für viele Israelis. Sie wissen nicht mehr, warum sie in diesem Land leben, warum sie ihr Leben aufs Spiel setzen sollen, um einen jüdischen Staat aufzubauen. Die Folge: An erster Stelle steht das eigene Wohlergehen. Wer freiwillig mehr zum Gemeinwohl beiträgt als unbedingt verpflichtend ist, wird als dumm belächelt.

Zur Zeit des Propheten Haggai war es ähnlich. Auch damals schienen die Feinde Israels weniger Motivationsprobleme zu haben, als die Gläubigen, die den Tempel wieder aufbauen sollten. Haggai macht dem Volk klar: Trachtet zuerst nach dem, was Gott wichtig ist, dann wird er für euch sorgen! Und er fordert seine Zuhörer auf, Gott dahingehend doch auf die Probe zu stellen. (Haggai 1,7ff.)

Ich wünsche uns als Gemeinde Jesu, dass wir unsere Prioritäten von der Heiligen Schrift her setzen, um dann zu erfahren, dass der lebendige Gott sich dazu bekennt.

Palästinenser im November 2004 bei der Beerdigung Arafats in Ramallah.

Juden ja – Zionismus nein?

Überlegungen zur Existenzberechtigung des Staates Israel

Antisemitismus ist out. Bis in die Mitte des 20. Jahrhunderts gab es nicht wenige Europäer, die sich stolz und in aller Öffentlichkeit selbst als Antisemiten bezeichneten. Das wagt heute kaum mehr ein wenigstens halbwegs intelligenter Zeitgenosse. Philosemitismus ist Mode. Wer Hebräisch lernt, wird bewundert. Niemand behauptet mehr im Ernst, man könne die Heilige Schrift ohne ihren jüdischen Hintergrund verstehen. Davidsstern und Menora gehören unübersehbar zum Bild christlicher Gemeinden in der westlichen Welt.

Unbestritten hat das Deutschland nach Auschwitz eine Verantwortung gegenüber dem jüdischen Volk. Mittlerweile erkennen immer mehr Christen weltweit, dass der Holocaust zwar in seiner Intention und Durchführung einzigartig ist, letztendlich aber erst auf dem Hintergrund einer zutiefst antijüdischen christlichen Theologie und durch das gleichgültige Schweigen der Weltöffentlichkeit möglich wurde. Zweitausend Jahre Kirchengeschichte haben einen tiefen Graben zwischen das jüdische Volk und die christliche Kirche gerissen.

Versöhnung ist das Mandat der Gegenwart. Deshalb wird historische Aufklärung staatlich gefördert. Bei Gedenkfeiern für die Opfer des Nationalsozialismus durch Abwesenheit zu glänzen, kann sich kaum ein Vertreter aus Europas Politik, Wirtschaft oder Gesellschaft leisten. Der Israel-Sonntag ist fester Bestandteil des Kirchenjahres. Tausende haben viel Zeit, Kraft und Geld investiert, um auf unterschiedlichen Versöhnungswegen Juden und Muslime um Vergebung für christliche Gräueltaten zu bitten. Antisemitismus ist out – und das ist gut so!

Ganz genauso out ist allerdings, sich Zionist zu nennen. Wer heute seiner Begeisterung für den Staat Israel Ausdruck verleiht, sieht sich meist gedrungen, im Nachsatz zu beteuern: Das bedeutet aber nicht, dass ich deshalb etwas gegen die Palästinenser hätte! Tatsächlich macht Zionismus auch eine Araber-feindschaft in keiner Weise notwendig. Aber, ein umgekehrter Bekenntnisdrang zum Existenzrecht des Staates Israel auf Seiten der Palästina-Fans ist mir bislang nicht aufgefallen. Er wird öffentlich auch kaum eingefordert.

Nur wenige rechtsextreme Israel-Fans bekennen sich offen zu einem grundsätzlichen Recht des jüdischen Volkes, im Kernland Israels zu siedeln, wobei dies ein Wohnrecht von Arabern in dieser Gegend nicht einmal in Frage stellte. Offen propagiert die überwältigende Mehrheit der Kirchen eine ethnische Säuberung von fast 800.000 Juden aus dem historischen Judäa und Samaria als Lösung des Nahostkonflikts. – Wehe dem, der eine ähnliche Lösung für das Problem von denjenigen israelischen Arabern, die offen ihrem Judenhass Ausdruck verleihen und sich gegen die Existenz eines jüdischen Staates Israel aussprechen oder gar aktiv am Freiheitskampf der Palästinenser beteiligen, auch nur zu denken wagt.

Um des Friedens willen sollte sich das jüdische Volk mit dem Galiläa der Heiden und der Küstenebene, in der Bibel als Philisterland und Syrophönizien bezeichnet, begnügen. Die Mehrheit des Weltchristentums befürwortet eine Internationalisierung Jerusalems als Stadt der drei monotheistischen Weltreligionen. Wer sich offen für Jerusalem als ewiger und unteilbarer Hauptstadt des Staates Israel ausspricht, gilt als christlicher Zionist – und so lässt sich kein offizieller Kirchenvertreter gern beschimpfen.

Aus dem evangelikal-pietistischen Lager ist zu hören, der Staat Israel sei eine rein politische Größe ohne theologische Qualität und lediglich ein Produkt europäisch-amerikanischer Machtpolitik. Pfingstlich-charismatische Leiter weichen gerne auf den Missionsauftrag aus, wenn sie es denn tatsächlich wagen, sich öffentlich auf Israelkonferenzen zu zeigen. Prominente amerikanische Judenchristen sehen sich über den Vorwurf des Antisemitismus erhaben und sagen, was sie denken: Die jetzige Rückkehr des jüdischen Volkes ins Land Israel endet in einem Massaker, das den Holocaust als Kinderspiel erscheinen lässt.

Dass die Welt des Islam ein Problem mit der Existenz Israels hat, ist nicht zu übersehen. Nicht wenige Anhänger des Islam sehen aber das Recht der Juden, im Land Israel zu wohnen, im Koran verankert. In Sure 5,21 werden die Israeliten beispielsweise aufgefordert: „Tretet ein in das Heilige Land, das Allah euch bestimmt hat!" „Wir [Allah] gaben dem Volk, das [in Ägypten] unterdrückt war, die östlichen und westlichen Gegenden des Landes [d. h. die Ostbank und die Westbank des Jordan] zum Erbe, [das Land,] das wir gesegnet haben", stellt der Koran in Sure 7,137 fest.

Problematisch ist allerdings die Herrschaft von Juden über Muslime. Unannehmbar ist aus islamischer Sicht, dass sich Muslime auf islamischem Boden nicht-islamischem Recht beugen müssen. Nicht dass Juden im Land Israel wohnen ist der Pfahl im Fleisch des Islam – jahrhundertelang haben Juden als „Dhimmi", das heißt „Schutzbefohlene" oder Menschen zweiter Klasse, in islamischen Ländern mehr oder weniger friedlich existiert –, sondern dass Juden über Muslime herrschen. Deshalb ist es gemäßigten Muslimen auch durchaus möglich, den Staat Israel anzuerkennen. Problematisch ist ihnen lediglich der jüdische Charakter dieses Staates – und damit stehen die Anhänger des Propheten Muhammad nicht etwa allein.

In Europa und Nordamerika wagt heute niemand mehr, das Existenzrecht Israels grundsätzlich anzuzweifeln. Das eines explizit jüdischen Staates im ansonsten islamisch dominierten Nahen Osten zu postulieren, ist dagegen etwas ganz anderes. In Oslo, dem Ursprungsort des gleichnamigen politischen Prozesses, war schon vor Jahren unter der Hand zu hören, dass Israel aufhören müsse ein Judenstaat zu sein, um ein „Staat für alle seine Bürger" zu werden. Nur so könne Frieden werden, meinten Mitinitiatoren des Prozesses, der bislang noch unter Beweis zu stellen hat, dass er etwas mit Frieden zu tun hat. Die islamische Bewegung in Israel träumt bei der Formulierung vom „Staat für alle seine Bürger" denn auch ganz unverhohlen von einer absehbaren Islamisierung Israels aufgrund der höheren Geburtenrate auf Seiten der Muslime.

In Israel selbst macht heute die Rede vom Post-Zionismus die Runde. Dass Israel ein Volk in seiner Mitte unterdrückt, um den Traum von der eigenen Unabhängigkeit im Land der Väter zu verwirklichen, ist vielen Israelis peinlich. Außerdem fürchten sich säkulare Juden vor einem Rabbinerstaat. Der Vergleich mit dem Iran der Ayatollahs taucht immer wieder auf. Messianische Juden schlagen sich bei der Wahl zwischen orthodox und säkular meist auf die Seite der Befürworter eines „demokratischen Staates für alle seine Bürger", weil sie von orthodoxen Juden als Bedrohung der jüdischen Identität betrachtet und oft auch so behandelt werden.

Von Christen aus Deutschland wird der jüdische Staat Israel offen als Apartheidsstaat verunglimpft. Dass die Apartheid in den islamischen Staaten und ihren Gesellschaften, zu denen auch die Palästinensische Autonomie gehört, nicht in gleicherweise beanstandet wird, fällt ebenso wenig auf, wie die Tatsache, dass Israel der einzige Staat im Nahen und Mittleren Osten ist, in dem ein Religionswechsel ohne staatliche Repressalien möglich ist. In islamischen Staaten wird der Abfall vom Islam nicht selten mit dem Tode bestraft. Und haben Muslime in Europa wirklich de facto dieselben Rechte und Möglichkeiten wie ihre christlichen Mitbürger?

Seit mehr als einem halben Jahrhundert ringt Israel darum, seinen demokratischen und gleichzeitig seinen jüdischen Charakter zu prägen und zu bewahren. Niemand – auch in Israel nicht – zweifelt daran, dass dies keine leichte Aufgabe ist. Diskussionsbeiträge von außen werden, meiner Erfahrung nach, gerne aufgenommen. Aber viel Kritik am jüdischen Staat erinnert an das Beispiel Jesu vom Splitter im Auge des Bruders und vom Balken im eigenen Auge, ganz abgesehen davon, dass Nichtjuden in der Regel wenig Verständnis dafür aufbringen, dass Israelis sich einen spezifisch jüdischen Staat wünschen.

Das Gespenst eines Staates Israel, in dem Juden (wie sonst überall in der Welt) wieder in der Minderheit sind, prägt alle Bereiche des täglichen Lebens im Judenstaat. Deshalb bekämpfen orthodoxe Juden die Einrichtung einer zivilen Ehe – um nur einige Beispiele zu nennen. Deshalb haben Christen in Israel Visumprobleme. Deshalb fordert die Regierung Scharon als Vorbedingung für ein Akzeptieren des neuen „Friedensfahrplans", der sogenannten „Roadmap", dass die Palästinenser ihre Forderung nach einem Rückkehrrecht in den Staat Israel aufgeben und das Recht Israels als jüdischer Staat zu existieren anerkennen.

Die Heilige Schrift bezeugt eine „Dreieinigkeit" von Volk, Gott und Land. Echter Friede ist auf dieser Erde nur vorstellbar, wenn das Volk Israel in Harmonie mit dem Gott Israels im Land Israel lebt. Untrennbar bindet sich der Gott Abrahams, Isaaks und Jakobs an das jüdische Volk und das Land zwischen Jordan und Mittelmeer. Von Anfang an ist die Nachkommensverheißung mit der Landverheißung verbunden (vergleiche 1. Mose 12,1-3). „Wie das Volk", so der jüdische Religionsphilosoph Martin Buber, „um sein volles Leben zu gewinnen, des Landes bedarf, so bedarf das Land des Volkes, um sein volles Leben zu gewinnen."

Sobald eine der Seiten des Dreiecks Volk-Gott-Land gestört ist, werden auch die beiden anderen Seiten beeinträchtigt. Wenn die Beziehung zwischen Gott und seinem Volk zerbricht, wird das Volk aus dem Land entfernt. Der Segen Gottes weicht vom Land und es verödet (vergleiche zum Beispiel 5. Mose 11,16f. oder Jesaja 6,8-13). Sobald sich allerdings Gott seinem Volk wieder zuwendet, kehrt das Volk in sein Land zurück und beginnt auch das Land wieder aufzublühen (siehe zum Beispiel Jeremia 31-33).

Der Zerbruch der Beziehung zwischen dem jüdischen Volk und seinem Gott, wie Jesus ihn wiederholt andeutet (zum Beispiel in Matthäus 23,37f.), hat notwendigerweise eine Zerstörung des Tempels, eine Verwüstung des Landes und auch die Ausrottung des Volkes aus dem Land zur Folge – auch wenn die Zerstreuung Israels in alle Welt dort nicht explizit erwähnt wird. Die vom Neuen Testament (zum Beispiel in Römer 11,15) vorausgesagte Wiederannahme Israels geht deshalb mit der Rückkehr des Volkes in sein Land und dem Aufblühen des Landes einher.

Dass „Palästina" jahrhundertelang ein unwirtliches Land der Wüsten und Sümpfe war, ist kein Zufall, sondern die natürliche Folge der Entwurzelung des Volkes Israel aus dem Land Israel. Wenn das Israelland heute wieder aufblüht, deutet das umgekehrt an, dass sich auch in der Beziehung zwischen Gott und seinem Volk etwas tut.

Das jüdische Volk ist ohne sein Land – oder wenigstens die Hoffnung auf eine Rückkehr dorthin – so undenkbar wie ohne seinen Gott. Wenigstens dreimal täglich, nach jeder Mahlzeit, beten orthodoxe Juden in aller Welt seit Jahrtausenden: „Baue Jeruschalajim, die Heilige Stadt, schnell in unseren Tagen!" Der Prophet Daniel hat sein Leben aufs Spiel gesetzt, weil er dreimal am Tage am offenen Fenster in Richtung Jerusalem betete. Der gesamte Tagesablauf gläubiger Juden, alle Gottesdienste, der Jahreszyklus und die biblischen Feste des Judentums sind geprägt von der Sehnsucht nach Jerusalem. Wo immer Juden im Laufe der Jahrhunderte Zion vergaßen, hörten sie nach wenigen Generationen auf, Juden zu sein.

Dass wir als Christen heute vielfach ein Problem mit der Landverheißung haben, ist ein grundsätzliches hermeneutisches Problem. Über der Frage „Wo steht das im Neuen Testament?" wird übersehen, wie das Neue Testament selbst argumentiert und denkt. Selbst zentrale Fragen, wie die, ob Jesus denn wirklich der Messias sei, müssen nach neutestamentlichem Denken vom Alten Testament her bewiesen werden (wie zum Beispiel in Apostelgeschichte 18,28), weshalb auch Martin Luther feststellen konnte, dass das Neue Testament nichts anderes ist „denn ein öffentliche Predigt und Verkündigung der Sprüche, im Alten Testament gesetzt und durch Christum erfüllet".

Deshalb ist die Frage der Jünger wenige Minuten vor der Himmelfahrt Jesu, nachdem sie die Lösung des Beziehungsproblems zwischen dem jüdischen Volk und seinem Gott erkannt hatten, nur folgerichtig: „Herr, wirst du in dieser Zeit wieder aufrichten das Reich für Israel?" (Apostelgeschichte 1,6). Und Jesus korrigiert ihr Ansinnen auch nicht grundsätzlich. Er zeigt ihnen nur auf, was bis zu seiner Wiederkunft ihr Auftrag sein wird, denn „es wird gepredigt werden dies Evangelium vom Reich in der ganzen Welt zum Zeugnis für alle Völker, und dann wird das Ende kommen" (Matthäus 24,14).

Jesus hatte seine Jünger gelehrt: „Wahrlich, ich sage euch, bis Himmel und Erde vergehen, wird nicht vergehen der kleinste Buchstabe noch ein Tüpfelchen von der Thora, bis es alles geschieht" (Matthäus 5,18). Im Anschluss an diese Aussage Jesu erklärte der Apostel Petrus seinen Zeitgenossen denn auch, dass Jesus solange in den Himmel aufgefahren ist, „bis zu der Zeit, in der alles wiedergebracht wird, wovon Gott geredet hat durch den Mund seiner heiligen Propheten von Anbeginn" (Apostelgeschichte 3,21).

Die Landverheißung gehört vom ersten Buch der Heiligen Schrift an zu den „Charismata", die Gott seinem Volk verliehen hat und die „ihn nicht gereuen" können (Römer 11,29). Die Landverheißung und die damit verbundene Hoffnung des jüdischen Volkes auf eine Heimkehr nach Zion gehört zu den zentralen Themen der Heiligen Schrift. Auch wenn vieles im Blick auf die konkrete Verwirklichung dieses Traumes offen bleibt, kann die Existenz des jüdischen Volkes ohne diese Hoffnung nicht verstanden werden.

Wenn das Neue Testament die Landverheißung wirklich aufgehoben hätte, müsste das ausdrücklich bezeugt sein. Solange dies nicht der Fall ist, liegt die Beweispflicht bei denen, die Zionismus und Judentum voneinander trennen wollen. Und solange sie diesen Beweis nicht erbracht haben, liegt der Verdacht nahe, dass „Antizionismus" lediglich eine neue Variante des uralten Phänomens ist, das seit dem 19. Jahrhundert als „Antisemitismus" bezeichnet wird.

Der Deutschen liebste Eigenschaft

„Wenn ich euren Newsletter bekomme und fast zeitgleich den der israelischen Botschaft, ist da oft kein Unterschied ..." Diesen „freundschaftlichen Hinweis" gab mir ein lieber Zeitgenosse, der in Deutschland als Israelfreund unumstritten ist.

Offensichtlich ist es verdächtig, wenn man als Christ dasselbe sagt wie Juden. Wenn ich als deutscher Journalist Ähnliches schreibe wie die israelische Botschaft, wird meine Unabhängigkeit fraglich, gerate ich in den Verdacht, Propagandist zu sein. Wohlgemerkt: Verdachtsmoment ist nicht eine nachweisbar einseitige Berichterstattung, sondern lediglich die Ähnlichkeit meiner Artikel mit denen der Israelis. Interessant: Umgekehrt wurde mir dieser Vorwurf noch nie gemacht.

Kämpfer eines Raketenteams der Al-Aqsa-Märtyrerbrigaden präsentieren in Gaza ihre Waffen.

Vielleicht muss ich klarstellen: Bis dahin hatte ich die Nachrichten der israelischen Botschaft überhaupt nicht bezogen, ich kannte sie gar nicht, und sie gehörten – und gehören bis heute! – auch nicht zu meinen Quellen. Erst aufgrund dieses Hinweises habe ich mir damals diese Publikation aus Berlin der Medienflut, die täglich meinen Schreibtisch erreicht, hinzugefügt.

In seinem empfehlenswerten Buch „Der Krieg in unseren Städten. Wie radikale Islamisten Deutschland unterwandern" schreibt Udo Ulfkotte von dem tiefen Hass, der im Nahen Osten „beide Seiten immer wieder aufs Neue zu Gewaltaktionen gegen Zivilisten motiviert" – so als wäre der Hass auf beiden Seiten derselbe und die Gewaltaktionen beider Seiten ebenbürtig.

Auch in diesem Falle scheint mir weniger penible Recherche oder fundierte Kenntnis Vater des Gedankens, als vielmehr das Verlangen, es allen Seiten recht zu machen, nur ja niemandem auf die Zehen zu treten. Dabei hätte es Ulfkottes Ausführungen gut getan, wenn der Schuster bei seinen Leisten, beziehungsweise der Journalist bei seinen Recherchen geblieben wäre, nämlich bei den radikalen Muslimen in Deutschland.

Ein Hubschrauberpilot der israelischen Luftwaffe bereitet sich auf seinen Einsatz im Gazastreifen vor.

Um kurz zu erklären, wo die Gleichstellung hinkt: Bei allem Hass und allen Verletzungen auf beiden Seiten sind Denkweise und Zielsetzung der Palästinenser himmelweit von der der Israelis entfernt. Auf israelischer Seite ist man sich darüber im Klaren, dass ein jüdischer Staat immer mit seinen mehrheitlich muslimischen Nachbarn klarkommen muss. Das setzt dem Spektrum israelischer Handlungsmöglichkeiten klare Grenzen.

Auf palästinensischer Seite dagegen begegnet mir immer wieder ganz unverhohlen der Wunsch nach einem judenreinen Palästina. Leider ist der Slogan „Juden ins Meer" kein veraltetes Schlagwort, sondern ein brandaktueller Wunsch in den Köpfen vieler Araber. Und diese Illusion schürt so manche Handlungsweise, die unsereinen eher unlogisch und oftmals suizidal anmutet.

Und die Gewaltaktionen gegen Zivilisten? Wenn israelische Zivilisten getroffen werden, ist das ein Erfolg der Verantwortlichen. Dann haben palästinensische „Freiheitskämpfer" ihr Ziel erreicht. Dann tanzt in den Straßen von Gaza der Pöbel, werden in Ramallah Straßen nach dem Täter benannt.

Wenn andererseits auf palästinensischer Seite Zivilisten zu Schaden kommen, ist das ein Fehlschlag. Dann gehen Bürger Israels auf die Straßen, um gegen die Vergeltungsschläge zu demonstrieren. Dann verweigern Piloten der israelischen Luftwaffe ihren Dienst.

Mir geht es nicht darum, irgendeine Schuld rein zu waschen oder irgendjemanden zu rechtfertigen, sei er nun Israeli oder Palästinenser. Letztendlich muss ich das Richten sowieso Gott überlassen – zum Glück!

Mir geht's um unsere Wahrnehmung und den Maßstab, an dem sich unsere Berichterstattung messen lassen muss. Da will ich zunächst einmal das stehen lassen, was ich sehe und höre, was als Geschehen unbestreitbar und für jeden, der sich hier im Nahen Osten umsieht und umhört, nachvollziehbar ist. Die Objektivitätssucht meiner Leser darf kein Maßstab sein.

Ganz abgesehen davon mahnt die Bibel immer wieder an, klar Stellung zu beziehen. Unüberhörbar lässt der auferstandene und erhöhte Christus die Gemeinde in Laodizäa, die es offensichtlich auch allen recht machen wollte, wissen: „Weil du aber lau bist und weder warm noch kalt, werde ich dich ausspeien aus meinem Munde" (Offenbarung 3,16).

Ich bin der Herr!

Was ist, wenn wir das Vorgehen der israelischen Armee ganz gleich zu welcher Zeit als Christen nicht mehr verteidigen können? Wenn einmal das Geschehen hier in und um Israel unseren humanistischen Maßstäben ganz und gar widerspricht?

„Schlag Amalek und vollstrecke den Bann an ihm!" Der Befehl Gottes an Saul war eindeutig ein Verstoß gegen heute geltendes Kriegsrecht, vor allem auch durch die Konkretisierung: „Verschone sie nicht, sondern töte Mann und Frau, Kinder und Säuglinge" (1. Samuel 15,3).

Nicht, dass ich heute hier im modernen Israel den Willen zu einer „alttestamentlichen" Kriegsführung feststellen könnte. Ganz im Gegenteil! Wahrscheinlich würde das heutige Israel genauso wie einst Saul bei der Ausführung des erklärten Gotteswillens stolpern.

Aber beim Bibellesen stolpere ich immer wieder über den Satz „Ich bin der Herr!" – der so ganz dem widerspricht, dass der Mensch und sein Wohl Maß aller Dinge ist. Hat der Schöpfer des Himmels und der Erde seinen Maßstab verändert? Was zählt heute: Das Wohl des Menschen oder die Ehre Gottes?

Bombenanschläge in Istanbul

57 Tote und mehr als 640 Verletzte forderte eine Anschlagsserie im November 2003 im türkischen Istanbul. Synagogen, eine britische Bank und das britische Konsulat waren die Ziele. Wie in solchen Fällen üblich, setzten unmittelbar nach dem Anschlag die Ermittlungen der Sicherheitskräfte und die Spekulationen der Öffentlichkeit ein. Im Spätjahr 2003 war die gesamte Weltöffentlichkeit bereits terrorerfahren und zeigte mit dem anklagenden Zeigefinger schon in die richtige Richtung, als die Al-Qaida offiziell die Verantwortung für das Blutbad übernahm.

Unüblich, für manche überraschend oder gar schockierend war eine neue Ursache für den islamistischen Terror, die der damalige israelische Außenminister Silvan Schalom ausmachen zu können meinte: Die antiisraelische Haltung der Europäer. Wörtlich hieß es in einer offiziellen Verlautbarung des israelischen Außenministeriums: „Die beiden Terroranschläge müssen im Kontext der jüngsten Welle von antiisraelischer und antijüdischer Hetze in der arabischen Welt, wie auch im Licht der jüngsten antiisraelischen und antisemitischen Äußerungen in gewissen europäischen Städten gesehen werden."

Silvan Schalom brachte auf den Punkt, was damals viele Israelis fühlten: Europa lässt uns im Kampf gegen den Terror allein. Europa hat nichts aus der Geschichte gelernt. Europa missversteht den Neuanfang einer neuen Generation im neuen Jahrtausend als Möglichkeit, einem tiefsitzenden Antisemitismus eine neue Bühne zu gewähren. Aktuelle Ereignisse unterstützten diese Grundstimmung in bestimmten Bevölkerungsschichten Israels: So bezeichnete der griechische Komponist Mikis Theodorakis die Juden als Wurzel des Bösen. Jeder fünfte Italiener meinte, der jüdische Staat müsse aufhören zu existieren. Eine EU-Umfrage, die den Staat Israel als größte Gefahr für den Weltfrieden bezeichnete, wurde in Israel lediglich als Gipfel eines Eisbergs wahrgenommen.

Natürlich kann man sich gegen die Äußerungen aus Jerusalem verwahren und sie als emotionale Verirrung abtun, wie das deutsche Politiker tun. Man könnte sie aber auch als Anlass zur Selbstprüfung nehmen. Es ist ein ernstzunehmendes Symptom, dass wir Deutschen nicht nur von Juden als Hitlers willige Vollstrecker verdächtigt, sondern auch in der arabischen Welt als des Führers würdige Erben gefeiert und verehrt werden – dass Deutschland das proisraelischste EU-Land ist, sei unbestritten. Nur, der Balken im Auge des Bruders macht den Splitter im eigenen nicht weniger hinderlich.

Könnte es sein, dass unser bedingungsloses Nein zu jeder Art von Selbstmordterror weniger deutlich ist, als unser Verlangen, mit allen gut auszukommen? Oder denken wir wirklich (vielleicht unbewusst?), dass es doch irgendeine Rechtfertigung dafür gibt, die eigenen Kinder zu Selbstmordmaschinen zu erziehen? Nicht unsere Motivation oder unsere objektiv lupenreine Lehre ist letztendscheidend, sondern – so zumindest hat es Jesus gesehen – „an ihren Früchten sollt ihr sie erkennen!" Deshalb möchte ich Ihnen Mut machen, unmissverständlich und „un-verschämt" für die Werte einzutreten, die Ihnen vom Wort Gottes her wichtig sind, damit wenigstens die Position der Christen in Deutschland eindeutig in die Welt hineinleuchtet.

Um der Palästinenser willen

Normalerweise ist Israel an der Misere der Palästinenser schuld. In dem hochbetagten Dr. Haider Abdel-Schafi hatte ich am 20. Januar 2005 erstmals einen palästinensischen Politiker kennengelernt, der die Fehler auf der eigenen Seite suchte. So eine Stimme macht Hoffnung. Frustrierend ist, dass seine Stimme praktisch ungehört verhallte.

Um der Palästinenser willen sollten wir ein kompromissloses Nein zu Selbstmordattentaten finden, jedes auch nur andeutungsweise Verständnis für Terror vermeiden. Wer übersieht, dass sich die Palästinenser selbst durch ihren maßlosen Suizidwahnsinn in unsagbares Leid hineingebombt haben, macht sich an diesem Leid mitschuldig.

Um der Palästinenser willen sollten wir daran erinnern, was dabei herausgekommen ist, als wir Deutschen alle unsere Synagogen verbrannt haben. Allen Schönfärbereien zum Trotz: Es gibt eine militärische Lösung des Nahostkonflikts! Man denke nur an Deutschland 1945.

Deshalb wünsche ich dem (jüdischen) Jerusalem Glück, Frieden, Schalom (Psalm 122) – um meiner (palästinensischen) Brüder und Freunde willen und weil ich eine militärische Lösung fürchte.

Kinder spielen in den Trümmern des Flüchtlingslagers Dschabalija im Gazastreifen.

Wenn Synagogen brennen

Ein wild gewordener Mob stürmt die Synagoge, zerschlägt, was nicht niet- und nagelfest ist, setzt das Gebäude in Brand. Was vom Feuer nicht verzehrt werden kann, wird mit Eisenstangen, Hacken oder bloßen Händen abgetragen. Blinde Wut manifestiert sich. Daneben stehen Polizisten, Gewehr bei Fuß und schauen zu. Die Beamten befolgen nur Befehle oder geben sich gar keine Mühe, ihre Sympathie mit den Vandalen zu verbergen. Die Weltöffentlichkeit schweigt.

Diese Bilder sind nicht neu. Ich kenne sie aus Geschichtsbüchern. Meine Eltern waren damals Kinder, als in Deutschland die Synagogen brannten. Beschönigend ging das Geschehen von der Nacht vom 9. November 1938 als „Reichskristallnacht" in die Geschichte ein. Reinhard Heydrich, Chef der Sicherheitspolizei, meldete 36 Tote und 36 Verletzte. Tatsächlich wurden mindestens 1.406 Betstuben und Synagogen verwüstet. 50.000 Juden wurden deportiert. 1.300 Todesopfer können direkt auf diese Aktionen zurückgeführt werden – von den Statistiken bis heute nicht als „Holocaustopfer" geführt.

Neu an diesen Bildern ist, dass ich Zeitzeuge bin. In der Nacht vom 6. auf den 7. Oktober 2000 zog sich die israelische Armee nach tagelangen Gefechten aus dem heiß umkämpften Josefsgrab im Zentrum der heute arabischen Stadt Nablus, dem biblischen Sichem, zurück. Ein israelischer Soldat, Madhat Jussuf, ein Druse, ein Nichtjude, kam bei diesen Kämpfen ums Leben. Er verblutete, weil die Kommandeure der palästinensischen Kämpfer keine Möglichkeit sahen, ihn evakuieren zu lassen.

Seit Jahren ist das Josefsgrab ein Brennpunkt des israelisch-palästinensischen Konflikts. Irgendwo in dieser Gegend lag das Stück Land, das Jakob einst von den Söhnen Hamors gekauft und auf dem Josua dann die Gebeine des Stammvaters Josef bestattet hatte (1. Mose 33,18-20; Josua 24,32). Vor seinem Tode hatte Josef den Israeliten befohlen, seine sterblichen Überreste in das Land Israel zu überführen (1. Mose 50,25; 2. Mose 13,19).

Wie kaum ein anderer Ort ist das Grab Josefs für gläubige Juden mit der Hoffnung verbunden, dass „Gott der Gott Israels" ist, der seine Verheißungen wahr macht. Deshalb setzen orthodoxe Juden bis heute ihr Leben aufs Spiel, um bei Nacht und Nebel am Grab des Stammvaters zu beten. Nach islamischer Tradition soll an der Stelle ein unbekannter Scheich Jussuf begraben liegen.

Am Morgen nach dem 7. Oktober 2000 setze ich mich hin, um einen Kommentar direkt aus der Hitze des Gefechts zu schreiben. Immerhin hatte ich mir fast zwanzig Jahre vorher im Geschichtsunterricht geschworen, dass ich nicht schweigen würde, sollten wieder einmal Synagogen brennen.

Das zerstörte Josefsgrab in Sichem/Nablus

Während ich um die richtigen Worte ringe, geht auf meinem Pager die Nachricht ein: „Die Palästinensische Autonomiebehörde lädt Journalisten ein, um Zeugen des Wiederaufbaus des Josefsgrabes zu sein." Gibt es doch ein Einsehen der Palästinenser, dass ein eigenes Staatswesen nur auf der Grundlage gegenseitiger Wertschätzung und Toleranz gedeihen kann? Zögernd versenke ich den Text in der Ablage und warte den nächsten Morgen ab.

Kurz bevor ich mich auf den Weg nach Ramallah mache, von wo uns ein Bus nach Nablus bringen soll, erreicht mich die Nachricht: „Das Josefsgrab wird wieder aufgebaut – als Moschee." Enttäuscht kehre ich um. Ich verspüre wenig Lust, den Triumph einer barbarischen Religiosität über die Ungläubigen zu dokumentieren. Der Traum von palästinensischer Toleranz zerplatzt wie eine Seifenblase – und mein Text verschwindet endgültig in den Tiefen meines Computers. Für einen Kommentar ist es nun zu spät. Kalter Kaffee von gestern interessiert die Nachrichtenmacher in Deutschland nicht.

Etwas mehr als drei Jahre nach diesen Ereignissen stehe ich an einem regnerischen Wintertag im Januar 2004 wieder vor dem Josefsgrab in Sichem. Verlassen und verbrannt schreien mich die Ruinen an. Wenn es wenigstens um die Islamisierung dieser heiligen Stätte gegangen wäre, wie christliche Beobachter gemutmaßt hatten. Aber der palästinensische Aktivismus scheint nur die Zerstörung der jüdischen Präsenz im Land Israel zu suchen. Anders ist die blinde Zerstörungswut ohne jeden Willen zum Auf- oder Umbau nicht zu erklären. Und warum ist es nicht möglich, dass Juden in einer palästinensischen Stadt an für sie heiliger Stätte beten – so wie Muslime an verschiedenen Orten im jüdischen Staat Israel ungehindert ihren religiösen Aktivitäten nachgehen? Die Palästinenser haben alle Synagogen, die in ihre Hände gefallen sind, dem Erdboden gleichgemacht, auch die antike Schalom-al-Israel-Synagoge in Jericho.

Gott ist treu

Das Faszinierende an der Sache mit dem jüdischen Volk ist, dass Gott diese Menschen seit Jahrtausenden nicht loslässt. Der Schöpfer des Himmels und der Erde geht diesen Menschen nach, obwohl sie ihm immer wieder den Rücken zugekehrt, sich von ihm losgesagt haben, nichts von ihm wissen und einfach nur so sein wollten, wie alle anderen Völker.

Gott bindet seine Verpflichtung gegenüber Israel an die Schöpfungsordnung: „So gewiss ich meinen Bund mit Tag und Nacht, die Naturgesetze des Himmels und der Erde festgesetzt habe, so gewiss werde ich auch die Nachkommenschaft Jakobs und Davids, meines Knechts, nicht verwerfen" (Jeremia 33,25-26).

Paulus zeigt am Bild vom Ölbaum, dass Gottes Handeln mit Israel ein Vorbild dafür ist, wie er mit uns Nichtjuden umgeht (Römer 11,17-24). Das macht nüchtern und demütig, weil die Geschichte Israels vom Ernst und der Heiligkeit des lebendigen Gottes geprägt ist. Das macht aber auch Mut, weil es die Güte und Liebe Gottes ist, die alles andere in den Schatten stellt.

An Israel wird begreifbar: Gott ist treu!

Gott redet

Auf die Frage, was für einen Vorzug das jüdische Volk hat, antwortet Paulus: „Ihnen ist anvertraut, was Gott geredet hat" (Römer 3,2). Gott sei Dank, haben jüdische Schriftgelehrte das geschriebene Wort Gottes über Jahrtausende für uns bewahrt – obwohl sie für ihre Penibilität von Christen belächelt wurden und noch immer werden.

Aber mehr noch: In Römer 9,4 behauptet der Apostel, dass Israel die (so wörtlich) „Gesetzes-Setzung", d. h. die Art und Weise der Überlieferung der Thora, gehört. Es ist interessant, frommen Juden beim Umgang mit der Schrift über die Schulter schauen zu dürfen, wie sie das Wort Gottes erleben und dadurch beleben.

Israel ist der greifbare Beweis dafür, dass Gott redet. Dass das Leben dieses Volkes seit Jahrtausenden wie kein anderes vom Wort Gottes geprägt ist, trotz des immensen Widerstandes von Juden und Nichtjuden, ist ein Wunder vor unseren Augen.

Gott schweigt nicht, er redet.

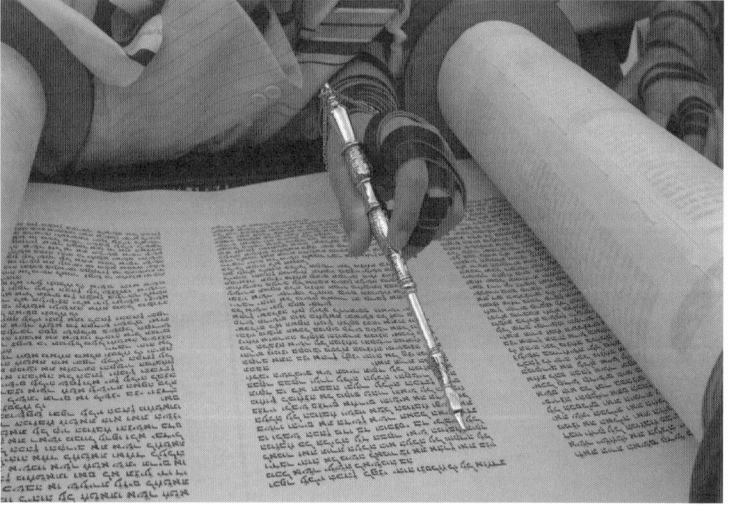

Gott ist Liebe

„Ich habe dich je und je geliebt!" Der Prophet Jeremia (31,3) ruft diese Worte einem Volk zu, das gezeichnet ist von seiner Rebellion und ihren Folgen.

Nicht weil Israel etwas Besonderes wäre, zahlreicher, intelligenter, humaner, großzügiger oder auch erfolgreicher als andere Völker, hat Gott es erwählt, „sondern weil er euch geliebt hat!" (5. Mose 7,8). Diese Grundwahrheit gibt der sterbende Mose dem auserwählten Volk mit auf den Weg ins Gelobte Land. Das Besondere am jüdischen Volk ist, dass es geliebt ist!

Wenn wir heute Zeugen sein dürfen, wie das jüdische Volk in sein Land zurückkehrt, wie „wiederum Weinberge gepflanzt werden an den Bergen Samarias" (Jeremia 31,5), wie das alte Hebräisch eine neue, quicklebendige Sprache geworden ist, dann ist das Gottes Liebe zum Anfassen.

Land oder Leben

Der Herbst 2004 war geprägt von der Diskussion um Ariel Scha-
rons Plan, sich einseitig von den Palästinensern zu trennen. Da-
bei stellte sich bibelgläubigen Menschen die Frage: Darf Israel
Land abgeben, das Gott ihm anvertraut hat?

„Der Sabbat ist um des Menschen willen gemacht und nicht
der Mensch um des Sabbats willen" (Markus 2,27). Mit dieser
Aussage macht Jesus klar, dass die Unversehrtheit des menschli-
chen Lebens über der Unversehrtheit des Sabbatgebotes steht.

Dem jüdischen Volk ist dies seit langem klar. Die Rettung von
Menschenleben ist wichtiger als das Einhalten des Sabbat. Deshalb ziehen ultra-orthodoxe Sanitäter ganz selbstverständlich
auch am Sabbat aus, um Verletzte oder Tote zu bergen.

Die Pläne der israelischen Regierung stellen vor eine ähnliche
Frage: Was ist wichtiger, die Heiligkeit des Lebens oder die Heiligkeit des Landes? Für „Führer, Volk und Vaterland" sind im
letzten Jahrhundert Millionen in den Tod marschiert. In Israel ist
das nicht so einfach, denn die jüdischen Weisen mahnen: „Wer
ein Menschenleben rettet, der rettet eine ganze Welt!"

Verflucht ist, wer dir flucht

40 Jahre sind es jetzt schon, dass Israel und die Bundesrepublik Deutschland diplomatische Beziehungen aufgenommen haben. Und 60 Jahre sind es erst her, dass Europa von der Naziherrschaft befreit wurde und die schlimmsten Verbrechen gegen die Menschlichkeit ans Licht der Öffentlichkeit kamen.

„Das Entscheidende an diesen Verbrechen aber war", so der Nobelpreisträger Elie Wiesel, „dass sie nicht gegen die Menschlichkeit gerichtet waren, sondern erklärtermaßen gegen das jüdische Volk." „Verflucht ist, wer dir flucht!" (4. Mose 24,9) Das hatte der heidnische Seher Bileam vor Jahrtausenden schon erkannt – und doch mussten wir, das „Volk der Reformation", das auf furchtbare Weise selbst erfahren.

Antisemitismus ist Rebellion gegen die Wahl Gottes, gegen Gottes Handeln durch die Unterscheidung zwischen Israel und den Heidenvölkern. Hass frisst zu allererst denjenigen, der hasst. Deshalb wenden wir uns gegen jede Form des Judenhasses, auch wenn er heute als „Antizionismus" in der westlichen Welt wieder hoffähig geworden ist.

Fragt nach dem Frieden Jerusalems

Zur Jahrtausendwende sprach alle Welt vom Frieden in Nahost. Wenig mehr als ein halbes Jahr später versanken Israel und die Palästinensische Autonomie im Blutbad der Al-Aksa-Intifada. Die Hoffnungen der Tourismusindustrie schwanden. Zehntausende von Israelis und Palästinensern wurden arbeitslos. Mancher stand vor dem existentiellen Ruin.

In der ersten Jahreshälfte 2005 kamen die Touristen wieder. Ich sah in den Augen meiner Freunde auf beiden Seiten, die direkt oder indirekt vom Tourismus leben, wie viel Hoffnung Ihr Besuch den Menschen hier gibt. Nicht nur, dass Sie Arbeitsplätze in dieser Region sichern, Sie zeigen ein ganz persönliches Interesse – und das ist mehr wert als viele ahnen.

Psalm 122 Vers 6 ermahnt seine Leser: „Betet für den Frieden Jerusalems!" Man kann aus dem Hebräischen auch übersetzen: „Fragt nach dem Wohlergehen Jerusalems!"

Am besten tun Sie das, indem Sie hierherkommen. Eine Israelreise ist mehr als ein interessanter Urlaub, sie ist ein greifbarer Beitrag zum Frieden Jerusalems – vor allem auch, wenn Sie hier betend unterwegs sind.

Was will Gott uns dadurch sagen?

Bibelleser ringen darum, das Geschehen in und um Israel aus biblischer Sicht zu verstehen. Das gilt für Juden und Christen gleichermaßen. Bis zuletzt hatten im Sommer 2005 bibelgläubige Menschen gehofft, dass die Zerstörung der jüdischen Ortschaften im Gazastreifen verhindert wird. Doch dann geschah das Unglaubliche. Ratloses Schweigen war wieder einmal die Antwort auf die Frage: Warum?

Antworten, die gegeben werden, beschuldigen das jüdische Volk des Ungehorsams gegen seinen Gott. Tatsächlich sagt Gottes Wort, dass der Gehorsam des Volkes einen Einfluss auf den Landbesitz hat.

Problematisch an dieser Analyse ist nicht nur, dass sie den Geruch des alten Hochmuts hat, mit dem Nichtjuden seit Jahrtausenden das jüdische Volk glaubten beurteilen zu dürfen. Tatsache ist auch, dass das Volk dieser Analyse zufolge nie im verheißenen Land hätte leben dürfen, weil nach biblischem Zeugnis nie eine Mehrheit gläubig war.

Schließlich lässt diese Antwort außer Acht, dass Abraham, gleich nachdem er die Landverheißung zur Kenntnis genommen hatte, erfahren musste, dass seine Nachkommen 400 Jahre lang das Land verlassen müssen – und zwar, weil Gott einen Plan mit den Völkern hat. Für mich als Nichtjuden stellt sich die Frage: Was will Gott uns durch diese Entwicklung sagen?

Salz und Licht

Im Januar 2006 fiel Israels Premierminister Ariel Scharon nach einem Hirnschlag in ein Koma, aus dem er erst am 11. Januar 2014 erlöst wurde. Im selben Monat wählten die Palästinenser erstmals in einer freien und geheimen Wahl ihr eigenes Parlament. Der Westen hatte die Zulassung der radikal-islamischen Hamas-Bewegung bei diesen Wahlen erzwungen. Die Hamas gewann daraufhin bei einer Wahlbeteiligung von über 70 Prozent eine Zweidrittelmehrheit.

Die Ära Scharon ist zu Ende. Die Hamas muss nach einem politischen Erdrutsch mit der neuen Verantwortung zurechtkommen. Viele Menschen sind verunsichert, haben Angst vor der Zukunft, wissen nicht mehr weiter.

Jesus hat seine Jünger berufen, „Salz der Erde" und „Licht der Welt" zu sein (Matthäus 5,13ff). Die Kraft von Salz und Licht liegt darin, dass sie anders sind als Suppe und Dunkelheit. Wenn dem nicht so ist, sind sie zu nichts nutze.

Bundeskanzlerin Angela Merkel hat bei ihrem Besuch Ende Januar 2006 immer wieder das Fundament, die Werte und Prinzipien angemahnt. Damit hat sie die richtige Richtung vorgegeben – dann allerdings vergessen, die Worthülsen mit Inhalt zu füllen.

Unser Fundament ist Jesus Christus, unsere Werteskala die Heilige Schrift und unser Prinzip die Nachfolge. Nur wenn wir uns eindeutig zu diesen Rahmenbedingungen bekennen, werden wir der geistlichen Herausforderung unserer Zeit gewachsen sein.

Er wird richten die Völker

Der Herr „setzt Könige ab und setzt Könige ein" (Daniel 2,21). Das hat dem Propheten Daniel Zuversicht gegeben, seine verantwortungsvollen Aufgaben fröhlich anzupacken. Wir wissen, das politische Geschehen unserer Tage ist nicht außer Kontrolle.

Das bedeutet aber nicht, dass wir blind gelenkt werden. Gott schafft den Völkern Entscheidungsfreiheit, wie etwa dem palästinensischen Volk in den vergangenen Jahren durch die Entstehung einer Autonomie. Und der Schöpfer dieser Welt nimmt den Willen seiner Geschöpfe ernst.

Deshalb verfolgen wir Wahlen aufmerksam und begleiten politische Entscheidungsprozesse im Gebet. Wir sind kein Spielball, der willenlos im Meer treibt. Vielmehr haben wir Einfluss – und eines Tages wird der Herr uns und unsere Völker zur Verantwortung ziehen.

Ich möchte Ihnen Mut machen, sich interessiert zu engagieren.

Erwählt, um Frucht zu bringen

Mit dem Rückzug aus dem Gazastreifen sind weite Teile der politischen Rechten in Israel in eine tiefe Krise geraten. Vielfach sind das diejenigen, welche die Rückkehr des jüdischen Volkes in das Land Israel als Erfüllung biblischer Verheißungen sehen und selbst ein Leben nach dem Willen des Gottes Israels führen wollen.

Der Rabbiner Benni Elon aus der Siedlung Beth El in Samaria stellt eine erstaunliche These auf: Nicht die politische Entwicklung hat eine geistliche Krise ausgelöst, sondern der geistliche Zustand Israels ist die Ursache für das politische Debakel unserer Zeit.

Über die politischen Vorstellungen Rabbi Elons mag man streiten. An diesem Punkt hat er allerdings ganz bestimmt recht: Ein fruchtbares Leben werden wir nur führen können, wenn wir es auf eine geistlich solide Grundlage aufbauen.

Krieg gegen die Hisbollah

Am frühen Morgen des 12. Juli 2006 löste der Angriff der Hisbollah auf Nordisrael und die Entführung von zwei israelischen Soldaten den sogenannten „Zweiten Libanonkrieg" aus. Mehr als 4.000 Raketen schoss die schiitische Hisbollah-Miliz aus dem Südlibanon auf Israel ab.

„Israel muss die Hisbollah total vernichten." Darin sind sich die messianische Jüdin Alice aus Naharija und der arabische Christ Nabil aus Mrar einig. Nabil ist mit einer Libanesin verheiratet und hat selbst zwölf Jahre im Libanon gelebt, bevor er in sein Heimatdorf Mrar oberhalb des Sees Genezareth zurückgekehrt ist. In der Hand hält er Schrotkugeln und Splitter von der Fadschar-Rakete, die aus der Festhalle in Tiberias, die er als Hausmeister betreut, einen Trümmerhaufen gemacht hat. Nabil weiß: „Die Hisbollah will nicht nur Israel vernichten. Die Hisbollah zerstört auch den Libanon."

Der Norden Israels riecht nach verbrannter Erde. Katjuscha-Raketen haben den Wald und das Buschland auf den Bergen des Stammes Naftali in Brand gesetzt. In Städten und Dörfern sind auf Straßen und an Häusern die Folgen der Einschläge und Explosionen zu sehen. Wer konnte, hat sich in Richtung Süden abgesetzt. Die Ortschaften sind gespenstisch menschenleer. Je weiter man nach Norden kommt, desto lauter wird das scharfe Donnern der Artillerie, die Tag und Nacht in den Süden des Libanon hineinschießt. Pausenlos sind Helikopter und Kampfjets in der Luft. Wie feurige Pfeile zischen Abwehrraketen durch die trübe Luft. Der Krieg, in dem sich der jüdische Staat seit seiner Gründung vor fast 60 Jahren befindet, ist neu eskaliert.

Die israelische Gesellschaft ist sich so einig wie nur selten. Der Bedrohung aus dem Norden, die mittlerweile die Menschen bis auf die Höhe von Tel Aviv in die Bunker treibt, muss ein für alle Mal ein Ende bereitet werden. Der Libanon muss begreifen, dass er verantwortlich ist für das, was auf seinem Territorium geschieht. Der Beschuss durch immer teuflischer werdende Raketen, der seit Jahrzehnten zum täglichen Leben in Nordisrael gehört, muss aufhören. Die größte Angst der Israelis kommt immer wieder zur Sprache: Dass der Druck der Weltöffentlichkeit Israel einmal mehr zwingen könnte, eine Militäraktion vorzeitig und unvollendet abbrechen zu müssen.

Dabei ist sich jeder darüber im Klaren, dass die Bombardierung des Libanon und eine Vernichtung der Hisbollah-Miliz, falls sie tatsächlich gelingen sollte, der Schlange lediglich den Schwanz zertrümmert. Die Drahtzieher des Terrors und der Soldatentführungen im Libanon, wie auch im Gazastreifen, sitzen in Damaskus. Von dort gelangen Finanzen, Raketen und Direktiven zur schiitischen Hisbollah im Südlibanon, wie auch zur sunnitischen Hamas und dem Islamischen Dschihad in den Palästinensischen Autonomiegebieten. Deshalb hat Israel schon vor Wochen den warnenden Zeigefinger in Richtung Nordosten erhoben – und die Syrer sahen sich gedrungen, für den Fall eines Angriffs mit Vergeltung zu drohen.

Doch auch in Damaskus sitzt nur der Schwanzansatz des Terrormonsters. Wer dem mörderischen Ungetüm das Genick brechen will, muss sich nach Teheran wenden. Von dort wird „die Auslöschung des Schandflecks Israel von der Landkarte" nicht nur gefordert, sondern aktiv betrieben. Aber die regionalen oder gar weltweiten Auswirkungen eines offenen Krieges mit dem Iran will sich auch in Israel momentan kaum jemand real vorstellen. Vielleicht kann man dieser Tatsache aber auch nur ins Auge schauen, wenn man weiß, dass der Schlange bereits der Kopf zertreten ist.

Vom Regen in die Traufe

Traditionell ist es Sitte, Kriegen einen Namen zu geben. Deshalb redet man vom „Unabhängigkeitskrieg" (1948/49), vom „Sechstagekrieg" (1967), vom „Jom-Kippur-Krieg" (1973) oder von der „Al-Aksa-Intifada" (2000/1). Der Nahostkrieg vom Sommer 2006 wurde später als „Zweiter Libanonkrieg" bekannt, obwohl er offiziell gar kein Krieg war, sondern lediglich eine Militäroperation gegen eine Terrororganisation. Anfangs hatte dieses kriegerische Ereignis noch keinen Namen. Die israelischen Medien sprachen einfach von „HaMilchamah BaZafon", „der Krieg im Norden".

Dass Unheil von Norden her auf Israel hereinbricht, ist ein altes biblisches Thema. Schon der Prophet Jeremia sah einen überkochenden Kessel, der sich von Norden her über das Land ergoss und erklärte dann in göttlichem Auftrag: „Von Norden her wird das Unheil losbrechen über alle, die im Lande wohnen" (Jeremia 1,14).

Wenn die Hisbollah, getrieben von einer fanatischen Wüstenideologie, im Auftrag des Iran mit Hilfe Syriens russische Raketen auf Israel schießt, dann fasst das all die Mächte zusammen, die in der biblischen Geografie mit dem Norden verbunden werden, die Großmächte des antiken fruchtbaren Halbmonds, vom Libanon bis ins Zweistromland und selbst die endzeitlichen Mächte „Gog und Magog" (Hesekiel 38-39). Zeitgleich mit Verkündung des UNO-Waffenstillstandes fuhr Anfang der dritten Augustwoche 2006 eine israelische Delegation nach Norden, um Präsident Putin damit zu konfrontieren, was seine Raketen in Israel angerichtet haben.

Aber schon der weise König Salomo wusste, dass der „Ruach Zafon", der „Nordwind", Regen bringt (Sprüche 25,23). Wenn wir Europäer jemanden „im Regen stehen lassen", zeugt das nicht von Zuverlässigkeit und Freundschaft, sondern davon, dass man jemanden mit seinen Problemen allein lässt, ihm jede Hilfe verweigert. Im biblischen Sprachgebrauch dagegen ist der Regen ein Zeichen des Segens. Wenn der Gott Israels jemanden in einer Gegend, die von chronischem Wassermangel geprägt ist, im Regen stehen lässt, bedeutet das, dass er alles gibt, was zum Leben notwendig ist. Dann ist das Beweis dafür, dass er seinen Segen im Überfluss ausschüttet. Und Israel wird im besten Sinne der biblischen Ausdrucksweise vom Regen in die Traufe kommen.

Der Norden ist in der Heiligen Schrift nämlich nicht nur der Ursprung des Unheils, sondern auch der Ausgangspunkt der Offenbarung des lebendigen Gottes (vergleiche beispielsweise Hiob 37,22; Jesaja 14,13; Hesekiel 1,4; Psalm 48,3). So sah der Prophet Jesaja: „Von Norden habe ich einen kommen lassen, und er ist gekommen, vom Aufgang der Sonne her den, der meinen Namen anruft. Er zerstampft die Gewaltigen wie Lehm und wie der Töpfer, der den Ton tritt" (Jesaja 41,25). Die Krieger der „Partei Allahs" – was „Hisb Allah" übersetzt bedeutet – sehen sich im Kampf für die Herrschaft Allahs. Jesaja stellt dem entgegen: „Siehe, sie sind alle nichts und nichtig sind ihre Werke; ihre Götzen sind leerer Wind!" (Jesaja 41,29).

Zuhören und ernst nehmen

Anerkannte Islam-Kenner geben mittlerweile zu: „Wir verstehen das islamische Denken nicht!" Und noch schlimmer: „Wir haben kein wirksames Mittel gegen den islamischen Terror." – Was ist da zu tun?

Der erste Schritt im Kampf gegen eine unheilbare Krankheit ist eine schonungslose Analyse. Konkret bedeutet das: Genau zuhören, was Muslime sagen, und das Gehörte ernst nehmen.

Wenn Osama Bin Laden und Hassan Nasrallah in der Mitte des ersten Jahrzehnts des 21. Jahrhunderts die beliebtesten Führungspersönlichkeiten in der arabischen Welt waren; wenn die Hamas, die Hisbollah und ihr Sponsor, der iranische Präsident, die Vernichtung des jüdischen Staates Israel als ihr politisches Ziel festschreiben; wenn arabische Länder sich in nachweislich freien, demokratischen Wahlen wiederholt für radikal-islamische Parteien aussprechen – dann nehme ich das ernst, auch wenn es mir nicht ins Konzept passt.

Das hat nichts mit Kriegstreiberei zu tun, sondern schlicht mit Realitätssinn. Ich freue mich über einen toleranten und gesprächsbereiten Islam – glaube aber erst daran, wenn er von den Kanzeln der Moscheen in Gaza und Riad, Teheran, Kairo und Kabul verkündet wird.

Stütze und Stab

Im Herbst 2006 war aktuell, was seither und zuvor immer wieder gesagt oder geschrieben hätte werden können:

Die Worte des Propheten Jesaja könnten in der Zeitung stehen. Israel steckt in einer tiefen Krise. Der Libanonkrieg ist verloren, das Vertrauen in die Armee dahin. Die höchsten Vertreter des Staates stehen wegen Korruption, Vertrauensmissbrauch, Vetternwirtschaft und Vergewaltigung am Pranger. Noch nie war die Hoffnungslosigkeit so greifbar.

Ausgerechnet Ehud Olmert ist es, der in dieser Atmosphäre vorschlägt, den Nobelpreisträger Elie Wiesel aus den USA zum Präsidenten zu machen. „Wenn wir schon über Führungskräfteimport nachdenken", kontert der Links-Zionist Jossi Sarid, „dann sollten wir uns gleich auch noch einen Generalstabschef, einen Verteidigungsminister und einen Premierminister einkaufen."

Lassen Sie uns dafür beten, dass Israel neu lernt, mit seinem König David zu sehen: „Der Herr errettete mich von meinen starken Feinden, von meinen Hassern, die mir zu mächtig waren; sie überwältigten mich zur Zeit meines Unglücks, aber der Herr wurde mir zur Stütze" (Psalm 18,18f.).

Ihnen gehört die Herrlichkeit

Gott begleitete die Israeliten auf der Wüstenwanderung. Gott war gegenwärtig, beim Sieg über den ägyptischen Pharao und beim Tanz ums goldene Kalb, ob das Volk murrte, rebellierte oder Gottesdienst feierte und opferte. Immer war irgendwo tagsüber die Wolkensäule sichtbar, oder die Feuersäule bei Nacht.

Israel gehört die Herrlichkeitsgegenwart des lebendigen Gottes. Das bezeugt der Apostel Paulus (Römer 9,4), und das gilt bis heute. Der, den wir als Vater von Jesus Christus anbeten, hat sich diesem Volk verpflichtet und begleitet es, von Babylon bis Auschwitz – aber auch bei der Rückkehr in sein Land und beim Aufbau desselben.

„O weh, mein Herr! Was sollen wir nun tun?", analysierte einst der Diener Elisas scharfsinnig die politische Lage (2. Könige 6,15). Mit einem Gebet beantwortet der Prophet die Analyse des Journalisten: „Herr, öffne ihm die Augen, dass er sehe!" Erst da wurden die eigentlichen Machtverhältnisse klar.

Chaos in Gaza

Im Sommer 2007 putschte sich die Hamas im Gazastreifen an die Macht, nachdem die radikal-islamische Bewegung im Januar des Vorjahres eigentlich mit überwältigender Mehrheit vom palästinensischen Volk gewählt worden war. Im Juni schrieb ich für den Israelreport:

Stündlich ändern sich die Nachrichten aus dem Gazastreifen. Gerüchte sind schwer von Tatsachen zu trennen. Meine Kontakte in Gaza haben sich in ihre Häuser verkrochen, um das nackte Leben zu schützen.

Am 5. April war ich selbst zuletzt in Gaza-Stadt, um mir ein Bild von der Lage zu machen. Damals traf ich auch die gesamte Mitarbeiterschaft der Bibelgesellschaft, deren Bibelladen eine Woche später durch einen Bombenanschlag zerstört wurde.

Trotz der persönlichen Kontakte ist es sehr schwierig, zu einer umfassenden Einschätzung der Lage zu kommen. Wer wirklich die Fäden zieht, ist unklar. Viele Autos auf den Straßen haben keine Nummernschilder – dafür tragen junge Männer offen schwere Waffen zur Schau.

Wenn ich Sie trotzdem auch in dieser eher frustrierenden Ausgabe des Israelreport mit einem von Herzen kommenden „Schalom" grüße, geschieht das nur in der Gewissheit, dass unser Vater im Himmel auch durch die Wirren und das Chaos dieser Zeit zum Ziel kommen wird.

Im Rückblick habe ich die Entwicklungen zur Hamas-Herrschaft im Gazastreifen, die bis in die Gegenwart hinein andauert, in meinem Buch „Die Palästinenser. Volk im Brennpunkt der Geschichte" (SCM-Hänssler) nachgezeichnet.

Der Wert des Lebens

Wir haben uns daran gewöhnt, dass das menschliche Leben den höchsten Wert hat. Und unsere Kultur lehrt uns, dass Glaube Privatsache ist.

Vielleicht hätte der palästinensische Buchhändler Rami Ajjad aus Gaza-Stadt sein Leben retten können, wenn er seinen Entführern erklärt hätte, dass wir alle an denselben Gott glauben. Schließlich glauben sie, dass auch Jesus ein Prophet des Islam ist.

Rami hätte nur die Schahada, das Glaubensbekenntnis des Islam, aussprechen müssen: „Ich bezeuge, dass es keinen Gott außer Allah gibt, und Muhammad ist sein Prophet." War es das wirklich wert, dass er durch seine Weigerung dem kleinen George und der kleinen Wisam den Vater und der schwangeren Pauline den Ehemann geraubt hat?

Jesus meinte: „Wer mich bekennt vor den Menschen, den will ich auch bekennen vor meinem himmlischen Vater. Wer mich aber verleugnet vor den Menschen, den will ich auch verleugnen vor meinem himmlischen Vater" (Matthäus 10,32-33). Dass Rami Jesus nicht verleugnet hat, musste er mit dem Leben bezahlen.

Wenn wir uns heute Gedanken über Werte machen, gehört dann dazu auch die Frage: Wofür bin ich bereit, mein Leben zu geben?

Auf der Flucht vor Gott

Angefangen hat alles mit einem wohlhabenden Südiraker, der sein Glück im Beduinendasein, in der Migration suchte. In der Göttervielfalt seiner Zeit hatte sich ihm der Schöpfer des Universums offenbart, ihm Land und Nachkommenschaft versprochen, und dass er ein Segen sein solle für alle Völker.

Tausend Jahre nach Abraham gab es unter den Königen David und Salomo eine kurze Blütezeit des israelitischen Reiches. Tatsächlich hat das Volk Israel aber nie das ganze Gebiet besessen, das Gott ihm ursprünglich versprochen hatte.

Wenn das jüdische Volk nicht durch Verfolgungen, Kriege und Assimilation dezimiert worden wäre, gäbe es heute mehr Juden als Chinesen. So kehrt seit Ende des 19. Jahrhunderts nur ein kleiner Rest des jüdischen Volkes in das Land seiner Väter zurück.

Wie ein roter Faden zieht sich ein Wunsch durch die 4.000-jährige Geschichte der Juden: So zu sein wie alle anderen Völker. Deshalb hatten sie einst unter dem Propheten Samuel einen König gefordert. Deshalb interessierten sie sich so brennend für andere Religionen. Und deshalb bemühten sie sich in der Neuzeit um die Gründung eines eigenen Staates.

Faszinierend ist, dass diese Leute – von denen einige bis heute ihre Abstammung lückenlos bis auf Abraham zurückführen können – es nicht schaffen, ihren Gott loszuwerden. Und die Welt wird Israel nicht los, obwohl sie das immer wieder versucht.

Um meiner Brüder und Freunde willen

„Israel und die Völker" ist das zentrale Thema der Heiligen Schrift, weil Gott Israel auserwählt hat, um die Völker zu erlösen. Dabei ist das Volk Israel nicht vom Land Israel zu trennen. Glieder des Volkes Israel, die vom Land Israel getrennt sind, sind „tot" und „begraben" (vergleiche Hesekiel 37,12).

Das Zentrum des Landes Israel ist Jerusalem, der Berg des Hauses des Herrn. Nicht zufällig erklärt der Messias Israels seinen Eltern schon als Jugendlicher: „Wisst ihr nicht, dass ich sein muss in dem, was meines Vaters ist?" (Lukas 2,49). Jerusalem ist „die Stadt des großen Königs" (Matthäus 5,35), des Königs Israels, ohne den diese Welt verloren geht. Deshalb fordert der Psalmist seine Zuhörer auf, für Jerusalem zu beten.

Ein moderner Israeli hört im ersten Teil des Verses 6 von Psalm 122 den Anstoß: „Fragt doch einmal danach, wie es Jerusalem geht!"

„Ma Schlomcha?" – „Wie ist es um deinen Frieden bestellt?" ist eine gängige Grußformel im heutigen Israel. Genau diese Frage sollen wir Jerusalem stellen. Nicht gedankenlos, oberflächlich, im Vorbeigehen, sondern interessiert, konzentriert, bereit hinzuhören und zu verstehen.

Martin Luther übersetzte: „Wünschet Jerusalem Glück!"

Auch das steckt in diesen drei hebräischen Worten „*Scha'alu Schlom Jeruschalajim*". Der Psalmbeter sehnt sich nach Gleichgesinnten, die nicht kaltherzig an der Erfüllung irgendwelcher Voraussagen interessiert sind oder Sensationelles suchen. Das Herzensanliegen Gottes ist das Glück, das Wohlergehen, das umfassende Heil, kurz der „Schalom" Jerusalems.

Daraus folgt logischerweise die Aufforderung, und das ist eine dritte Übersetzungsmöglichkeit für Psalm 122,6: „Betet für den Frieden Jerusalems!"

Gottesmänner wie Mose, Samuel, Jeremia, Daniel, Paulus und Stephanus haben das praktisch umgesetzt. Sie saßen nicht unter ihrem „Rizinus", wie einst Jona vor Ninive, und warteten mit journalistischer Professionalität darauf, dass Gott sein furchtbares Gerichtswort wahr macht. Jeremia rang mit seinem himmlischen Vater, obwohl dieser ihm das Gebet für Israel verboten hatte (vergleiche Jeremia 7,16; 11,14; 14,11; 15,1).

Der Beter von Psalm 122 weiß auch, warum er so „Jerusalem-versessen" ist: „Um meiner Brüder und Freunde willen, rede ich vom Frieden in dir" (Vers 8). David wusste offensichtlich um den Zusammenhang zwischen dem Heil für Israel und dem Heil für die nichtjüdischen Völker.

Dem Apostel Paulus war wichtig, seinen heidenchristlichen Lesern in Rom zu schreiben, „dass nicht du die Wurzel trägst, sondern die Wurzel trägt dich" (Römer 11,18). Denn indem „du, der du ein wilder Ölzweig bist, in den Ölbaum eingepfropft" wurdest, hast du „teilbekommen an der Wurzel und dem Saft des Ölbaums" (Vers 17). Mit diesem Bild verdeutlicht Paulus, was er zuvor, in den Versen 12 und 15, gesagt hatte: Der geistliche Zustand der Welt ist bis heute direkt abhängig vom geistlichen Zustand Israels.

Wir wollen der Aufforderung zum Gebet für Jerusalem folgen, weil wir Gottes Plan mit Israel und durch Israel mit der Welt im Blick haben. Nach Aussage der Heiligen Schrift ist Israel der Schlüssel zur Erweckung und damit zum Heil der Völker.

An den Wassern von Babel

An den Wassern zu Babel saßen wir und weinten, wenn wir an Zion gedachten. (Psalm 137,1)

Heute ist das umgekehrt. Das jüdische Volk sitzt in „Zion" und heult „den Wassern zu Babel" nach. Die Ströme Euphrat und Tigris, aus deren unerschöpflichem Reichtum jeder schöpfen kann, soviel er will, sind ein Traum. Ganz zu schweigen vom Ölreichtum, der das Zweistromland seit Urzeiten auszeichnet. Und schließlich ist da der weite Horizont, die schier grenzenlose Toleranz des „Landes der unbegrenzten Möglichkeiten", die so unwiderstehlich attraktiv sind – gerade angesichts der Engstirnigkeit des orthodoxen Jerusalem.

Es sind tatsächlich nur Träumer und Phantasten, die im Überfluss von den kargen Höhen um die Heilige Stadt schwärmen. Nur die „Meschiggenen" sehnen sich nach dem Land, in dem jede Sicherheit eine Illusion zu bleiben scheint. „Wie soll das nur weitergehen?" ist eine der Fragen, die ich am häufigsten mit einem möglichst intelligent formulierten „Ich weiß es nicht!" beantworten muss. Das gilt gleichermaßen fürs Wetter wie für die Politik. David Ben Gurion hatte schon recht, als er feststellte: „Man muss nicht verrückt sein, um Israel zu lieben. Aber es hilft." – Oder fehlen uns heute nur die Leute, denen Gott den Blick so „ver-rückt" hat, dass sie die Lage aus seiner Perspektive begreifen können?

Im Jahr 2008 blickten wir zurück auf 60 Jahre Israel. Die Existenz eines jüdischen Staates ist für viele eine Selbstverständlichkeit, so mancher Israeli weiß nicht so recht, was er damit anfangen soll, und die überwältigende Mehrheit der islamischen Welt will sie immer noch nicht akzeptieren. Ich wünsche Ihnen und mir selbst, dass wir im Rückblick die Handschrift Gottes im verworrenen Geschehen orientalischer Tagespolitik erkennen dürfen.

Sechzig Jahre jüdischer Staat

Das ist ein Grund zum Staunen. Aus dem Totenfeld der national-sozialistischen Vernichtungslager ist eine pulsierende, moderne Gesellschaft erstanden. Am Ende des Zweiten Weltkriegs war ein Drittel des jüdischen Volkes ermordet und der Rest trauma-tisiert. Heute gehört Israel weltweit zu den führenden Nationen in den Bereichen Wissenschaft, Technik und Kultur. Der Nahost-konflikt verdrängt immer wieder, wenn Neuentwicklungen aus Israel, etwa in der Medizin oder auch in der Landwirtschaft, ein Segen für die ganze Menschheit werden.

Das ist ein Grund zum Danken. Gott hat sein Volk nicht versto-ßen, das er sich vor Jahrtausenden erwählt hat. Aus über 120 Nationen hat er Juden wieder in ihr Land gebracht. Dass diese Menschen durch zweitausend Jahre Verfolgung und Vernich-tung nicht an ihrem Gott verzweifelt sind, ist ein Wunder. Heute kehren viele Israelis zum Gott ihrer Väter zurück, fragen nach seinem Willen, lernen sein Wort.

Das alles ist eine Herausforderung für uns Christen. Das jüdische Volk ist nicht nur unsere historische Wurzel. Nach Aussage der Heiligen Schrift sind wir Heidenchristen untrennbar mit Israel verbunden. Die Zukunft der Welt entscheidet sich an ihrer Ein-stellung zu Israel. Deshalb müssen wir über das Geschehen in und um Israel umfassend und sachlich informiert sein.

Die Handschrift Gottes

Gott handelt. Das wird in der Bibel nicht gefragt, hinterfragt oder diskutiert. Das wird vorausgesetzt und erzählt. Gott beruft Abraham, erwählt Isaak und bleibt Jakob treu. So wurde er später als „Gott Abrahams, Isaaks und Jakobs" bekannt. Die Frage des Mose, „Wie ist dein Name?", beantwortet er aus dem brennenden Dornbusch heraus mit den Worten: „Ich bin, der ich bin!" (2. Mose 3,14). Er ist der Gott, der sich in der Geschichte offenbart, der Geschichte macht und deshalb auch in der Geschichte erkennbar ist. Das bestätigt der Apostel Paulus (Römer 1,20).

Nicht Mose, sondern der Gott der Hebräer fordert die Weltmacht Ägypten heraus und zwingt sie in die Knie, „damit ich an dir meine Macht erweise und damit mein Name auf der ganzen Erde verkündigt werde" (Römer 9,17). Gott führt den „Haufen Sklaven" aus Ägypten durch die Wüste nach Kanaan, gibt ihnen das verheißene Land, eine Ordnung, Propheten, Richter, Feldherren und Könige. Und der Herr lässt von den Ureinwohnern im Lande übrig, „damit er durch sie Israel prüfte" (Richter 3,1).

Einige Jahrhunderte später legt der Gott des kleinen, unscheinbaren Israel „dem großen Krokodil", dem Pharao von Ägypten, „einen Haken ins Maul", um ihm seinen Willen aufzuzwingen (Hesekiel 29,3f). Der schreckliche babylonische Herrscher Nebukadnezar wird als „Knecht" des Herrn bezeichnet, weil er durch seine Politik göttlichen Willen erfüllt (Jeremia 25,9).

Der Prophet Jesaja erkennt in dem Perserkönig Kyrus einen „Messias" des Herrn. Gott hat ihn bei seiner rechten Hand ergriffen, „dass ich Völker vor ihm unterwerfe und Königen das Schwert abgürte" (Jesaja 45,1f). Und Daniel sieht Gottes Plan über das babylonische, persische, griechische und römische Weltreich bis hin zu einem Reich, „das nimmermehr zerstört wird". Auf dem Weg dorthin ist Gott derjenige, der „Zeit und Stunde ändert, Könige absetzt und Könige einsetzt" (Daniel 2,21.44).

Nach Aussage der Heiligen Schrift geht es nicht darum, den Zufällen der Weltgeschichte einen tieferen Sinn abzuringen oder das Geschehen um uns herum geistlich zu interpretieren. Gott handelt in der Geschichte. Deshalb gibt es in der biblischen Berichterstattung so faszinierend wenige Wertungen. Nicht Theologen beschreiben das Handeln Gottes, sondern Journalisten – ob sie das wollen oder nicht. Die Frage ist, ob wir die „Fingerabdrücke" des lebendigen Gottes im Tagesgeschehen zu erkennen vermögen.

Zweierlei wird deutlich, wenn wir dem Handeln Gottes in der Geschichte – soweit es uns in der Heiligen Schrift überliefert wird – „nach-denken":

Erstens: Nicht besser – aber auserwählt

„Der Herr hat euch nicht erwählt, weil ihr größer wäret als alle Völker, sondern weil er euch geliebt hat!" (5. Mose 7,7f.), schreibt Mose seinen Leuten beim Abschied ins Stammbuch. Die Wahl fällt auf Israel allein aus Gnade. „Ist's aber aus Gnade, so ist's nicht aus Verdienst der Werke; sonst wäre Gnade nicht Gnade" (Römer 11,6).

Israels „Re-Aktion" auf Gottes Entscheidung hat Auswirkungen auf die persönliche Zukunft des Einzelnen Israeliten, nicht aber auf die Funktion und Aufgabe des Gottesvolkes als Ganzes. Gott weiß genau, wen er sich „zuvor erwählt" hat (Römer 11,2). Und „Gottes Gaben und Berufung können ihn nicht gereuen" (Römer 11,29). Deshalb werden wir das Handeln Gottes übersehen, wenn wir uns nur auf Wesen und Denken, Handeln und Verhalten des jüdischen Volkes konzentrieren, ohne zu fragen, was Er mir sagen will.

Zweitens: Israel ist der Maßstab, an dem die Völker gemessen werden

Das gilt für die nichtjüdischen Nationen, auch wenn Israel um das goldene Kalb tanzt, sich der Wahl Gottes mit allen Kräften widersetzt und alles investiert, um so zu sein, wie alle anderen Völker.

„Ich will segnen, die dich segnen, und verfluchen, die dich verfluchen" (1. Mose 12,3) hatte Gott dem Abram mitgeteilt, bevor dieser überhaupt in der Lage war, über eine Antwort nachzudenken. Gott teilt – nach biblischer Aussage – den Völkern ihren Lebensraum zu. Die Grenzen setzt er entsprechend „der Zahl der Kinder Israel" (5. Mose 32,8). Der oben bereits erwähnte Kyrus bekommt seine herausragende Stellung nur „um Jakobs, meines Knechts, und um Israels, meines Auserwählten, willen" (Jesaja 45,4).

Die ostjordanischen Reiche Moab und Seir werden von Gott gerichtet, weil sie sprechen: „Siehe, das Haus Juda ist nichts anderes als alle Völker!" (Hesekiel 25,8). Ägypten wird um seiner hinterhältigen Haltung gegenüber Israel willen zur Rechenschaft gezogen (Hesekiel 29).

Der Prophet Joel sieht voraus, wie der Herr der Geschichte, der Schöpfer des Himmels und der Erde, im Endgericht alle nichtjüdischen Völker versammelt und mit ihnen rechtet „wegen meines Volks und meines Erbteils Israel" und „weil sie mein Land geteilt haben" (Joel 4,2). Insofern ist es nur konsequent biblisch, wenn Jesus als Maßstab für sein eigenes Gericht über die Völkerwelt nicht etwa die Beziehung der Menschen zu ihm selbst nennt, sondern ebenfalls die Beziehung der Nichtjuden zum jüdischen Volk (Matthäus 25,40).

Können wir auf dem Hintergrund der Heiligen Schrift die Handschrift Gottes im Geschehen unserer Zeit erkennen? – Ich möchte behaupten, Ja! – und einige Thesen zur Diskussion stellen:

Israel wird seinen Gott nicht los

Theodor Herzl wollte mit seiner Vision von einem jüdischen Staat nicht etwa biblische Prophetie oder gar den Willen Gottes erfüllen, sondern den Antisemitismus beseitigen, das Besondere und „Hassenswerte" am jüdischen Volk außer Kraft setzen. Der Prozess gegen den jüdischen Hauptmann Alfred Dreyfus im Oktober 1894 in Paris bewies dem Wiener Journalisten, dass weder Assimilation noch Bekehrung den Juden vor seinem Jüdischsein retten kann. Deshalb kam er zu dem Schluss: Wir müssen ein Volk werden wie alle anderen Völker, unser Schmarotzerdasein aufgeben, Verantwortung übernehmen. Wir brauchen einen eigenen Staat.

Eher zufällig wurde dieser Staat dann weder in Südamerika noch in Afrika errichtet, sondern im Nahen Osten. Wohl etwas unbedacht gaben die sozialistisch-säkular geprägten Gründungsväter dem Judenstaat den Namen „Israel" – und verkündeten damit der ganzen Welt: „Es kämpft Gott!" und: „Es wird herrschen Gott!". In diesem Namen steckt nicht die Aussage, dass „Israel" der „Gotteskämpfer" ist, sondern – bei wörtlicher Übersetzung – der Anspruch, dass sich einmal jedes Knie beugen und jede Zunge bekennen wird, dass ein einziger Herr ist – und „alle, die ihm widerstehen, werden zu ihm kommen und beschämt werden" (Jesaja 45,23f).

Wer jüdische Menschen kennt, weiß, dass ihnen das Auserwähltsein eher peinlich ist. „Lass mich in Ruhe mit deiner Erwählung, die hat uns nichts als Leid eingebracht", fuhr mir einmal ein jüdischer Freund über den Mund, der den Abgrund deutscher Konzentrationslager überleben musste. Wer Israelis heute vorwirft, sie würden ihre Erwählung stolz ausnutzen, beweist nur, dass er diese Menschen nicht kennt – und projiziert vielleicht rassisches Wunschdenken, das ihm selbst nicht erlaubt ist, auf andere. Spätestens seit der Gottesoffenbarung am Sinai – als die Israeliten Mose auf den Berg schickten und sich das goldene Kalb machten – hat Israel alles getan, um seinen Gott und dessen unangenehmen Anspruch loszuwerden. Ohne jeden Erfolg! 60 Jahre Staat Israel sind ein greifbarer Beweis dafür: Gott lässt sein Volk nicht los!

Ein israelischer Soldat bläst in Hebron den Schofar, ein Widderhorn.

Israel wird das Land nicht los

Gott hatte in biblischer Zeit seinem Volk das Land vom Euphrat bis zum Nil versprochen. Die Briten versprachen dem jüdischen Volk 1917 eine Heimstätte in ihrem Mandatsgebiet Palästina, das damals auch noch das heutige Jordanien mit einschloss. Seitdem hat sich das jüdische Volk mit praktisch allen Teilungsplänen einverstanden erklärt – vorausgesetzt, es konnte einen Schimmer wirklichen Friedens erkennen. Natürlich verspüren Juden eine emotionale Bindung an das Land ihrer Väter. Wer aber heute mit Israelis spricht, merkt bald, dass sie Frieden wollen, nicht Land.

Die Aggression der Nachbarn Israels, die Weigerung der islamischen Welt, das Existenzrecht eines jüdischen Staates anzuerkennen, und das immer zu späte Ja der Araber zu den politischen Realitäten haben Israel dazu gezwungen, Land zu

erobern und Besatzer zu werden. Spätestens seit dem Sechstagekrieg bemüht sich das jüdische Volk erfolglos, das verheißene
Land loszuwerden, um sich dadurch den ersehnten Frieden ein-
zuhandeln. Problematisch für israelische Politiker ist, dass die
Formel „Land für Frieden" noch niemals und nirgends funktio-
niert hat. 60 Jahre Staat Israel sind ein greifbarer Beweis dafür:
Gott gibt sein Land wem er will! Auch gegen den Willen derer,
denen er sein Land verheißen hat.

Die Welt wird Israel nicht los

Gott gibt sein Land wem er will – das gilt auch für den israelischen Rückzug aus dem Gazastreifen im Spätsommer 2005.
Wenn Gott tatsächlich Herr der Geschichte ist, hatte Ariel Scharon überhaupt nicht die Macht, Land abzugeben. Dann hat Gott
selbst einen Teil des Landes Israel genommen und den Palästinensern gegeben.

Natürlich sind wir bei all diesen Überlegungen daran interessiert, was das alles für das jüdische Volk bedeutet und wie Israel
sich verhalten sollte. Vielleicht würde unser Herr darauf aber
antworten mit dem berühmten: „Was geht es dich an?!" (Johannes 21,22). – Um das Wort unseres Herrn nicht zu überhö-
ren, um seine Sicht nicht zu übersehen, sollten wir fragen: Was
bedeutet das alles für mich – für uns – für die Heidenvölker, die
nichtjüdischen Völker, die Nationen?

Wann immer das auserwählte Volk sein Land verlassen musste,
war das für nichtjüdische Völker eine Zeit der Gnade, eine War-
nung, der Aufschub eines Gerichts. Das sehen wir bei Abraham,
dem angekündigt wird, dass seine Nachkommen vierhundert
Jahre lang das Land verlassen müssen, „denn die Missetat der
Amoriter ist noch nicht voll" (1. Mose 15,16). Und die vergangenen zweitausend Jahre waren für Israel Zeit des Exils – für die
Heidenwelt eine einzigartige Gnadenzeit.

Natürlich ist es nicht „politically correct", aber die Parallelen zwischen dem Gazarückzug und dem Hurrikan Katherina in den USA sind unübersehbar. Der Hurrikan entstand just zu dem Zeitpunkt, als der letzte Israeli Gaza verließ. Die Bilder von den Zerstörungen und von den Flüchtlingen in Israel und den USA waren sich verblüffend ähnlich. Praktisch gleichzeitig wurde derselbe Prozentsatz von Israelis wie Amerikanern obdachlos. Die israelische Armee zeichnete Häuser, die zum Abbruch bereit waren mit genau demselben Kreis und einem X wie amerikanische Rettungskräfte Häuser, die nach Überlebenden durchsucht und evakuiert worden waren.

Wenn ich an all das erinnere, geht es mir nicht darum, aus sicherer europäischer Perspektive festzustellen, wie Gott das ach so gottlose Amerika gerichtet hat. Vielmehr geht es um die Frage: Ist das alles Zufall oder will Gott uns dadurch etwas sagen? Wird der letzte Richter den Vorwurf gelten lassen, dass er sich bei seinen Warnungen nicht an die Gepflogenheiten unserer politischen Korrektheit gehalten hat?

Der Prophet Joel warnt davor, dass die Völker einmal für die Teilung des Landes Israel zur Rechenschaft gezogen werden. Wie ein Magnet zieht der „Laststein Jerusalem" (Sacharja 12,3) die Politiker der Welt an. Der frömmste Präsident, den die USA seit langem hatten, George W. Bush Junior, ist der erste, der die Teilung des Heiligen Landes zum politischen Programm erklärt. Dabei ist der Konflikt zwischen Israel und seinen Nachbarn im internationalen Vergleich eher zu vernachlässigen. Es gibt viele Völker auf Erden, die nach Unabhängigkeit streben, viel Unterdrückung und viel Blutvergießen, das den Nahostkonflikt bei weitem in den Schatten stellt. Die Welt wird Israel nicht los, so sehr sie sich auch um eine Lösung, das heißt eigentlich, um ein Loswerden des Nahostkonflikts bemüht.

Die „andere Seite"

„In dir sollen gesegnet werden alle Geschlechter auf Erden"
(1. Mose 12,3). Das hat Gott dem Abram ins Stammbuch geschrieben, als er ihn von allen anderen Menschen unterschied.
Der Stammvater Israels und seine Nachkommen sollen ein Segen für die Menschheit sein. Das Volk Israel ist niemals losgelöst
von den Heidenvölkern denkbar. Wenn Gott mit seinem Volk
handelt, seine Verheißungen erfüllt, dann gibt es immer auch
„die andere Seite". Und die Heilige Schrift berichtet uns erstaunlich viel und keineswegs „schwarz-weiß" über sie.

Da war etwa der Priesterkönig Melchisedek, der Abram mit Brot
und Wein begrüßte. Abram gab ihm seinen Zehnten und setzte
sich später für Sodom und Gomorra ein, als diesen das göttliche
Gericht drohte. Der Philisterkönig Abimelech wird im Verhältnis
zu Abraham und später auch zu Isaak in einem moralisch viel
positiveren Licht gezeigt, als die Erzväter und ihre Frauen. Beim
Kauf der Höhle Machpela in Hebron wird mehrfach betont, dass
sich Abraham vor dem Volk des Landes verneigte und auf einer
ehrenvollen und gerechten Lösung der Landfrage bestand, obwohl er gleichzeitig ganz klar den Unterschied aufrechterhielt
und seinem Knecht das Versprechen abnahm, dass dieser seinem Sohn keine Frau von den Töchtern der Kanaaniter nahm.

Gott hat einen Plan mit „der anderen Seite". So müssen Abrams
Nachkommen das verheißene Land für 400 Jahre verlassen, weil
Gott den Amoritern noch eine Gnadenzeit gewährt. Die berüchtigten Ausrottungsbefehle galten keineswegs pauschal, sondern
müssen wohl unter dem Aspekt des Gerichts Gottes über Menschen verstanden werden, die – wie die Beispiele des Melchisedek und Abimelech zeigen – durchaus eine Beziehung zum Gott
Israels hatten und dessen Maßstäbe kannten. Manche wurden
aufgenommen ins Volk, lebten an der Seite des Volkes – wobei die Bibel kein Hehl daraus macht, dass es Schuld auf beiden
Seiten gab. So sei nur daran erinnert, dass sich der König David
offensichtlich Philister als Leibwache nahm. Bei Uria, dem Heti-

ter, dessen Frau David wahrscheinlich vergewaltigt hat und den er dann umbringen ließ, beschönigt der biblische Bericht nichts.

Bis in die Zeit Jesu hinein begegnen uns Nichtjuden im Land Israel. Geradezu hart konnte Jesus die kanaanäische Mutter einer kranken Tochter abweisen: „Ich bin nur gesandt zu den verlorenen Schafen des Hauses Israel" (Matthäus 15,24) – und gewährte ihr dann doch ihre Bitte, weil er ihren großen Glauben feststellte. Im Falle des Römerhauptmanns aus Kapernaum stellte er gar fest: „Solchen Glauben habe ich in Israel nicht gefunden!" (Lukas 7,9).

Diese „andere Seite" gibt es auch heute noch und sie ist so vielschichtig wie zu allen Zeiten. Es gibt nicht nur „die Palästinenser", die Israel bekämpfen und dabei sich selbst und das Wohl ihrer Familien und ihres Volkes opfern. Es gibt auch Nichtjuden, die ihre Zukunft mit der des jüdischen Volkes verbunden haben. Es gibt „Palästinenser", die israelische Siedlungen auf umstrittenem Land bauen und darin wohnen. Es gibt schon seit der Gründung des Staates Israel Araber, die in der israelischen Armee kämpfen. Aber es gibt natürlich auch nichtjüdische Menschen, die unter Israel leiden.

In unserer Berichterstattung wollen wir dem biblischen Beispiel folgen und ein möglichst umfassendes Bild von der Lage in und um Israel zeichnen. Deshalb verwenden wir viel Zeit darauf, nicht nur in Israel und aus jüdischer Sicht zu recherchieren, sondern auch in den palästinensischen Gebieten und in den umliegenden Ländern.

Um Fakten ringen

Manche von Ihnen haben sich geärgert, weil wir Ihnen das Denken und Fühlen von Palästinensern kommentarlos weitergegeben haben. Mir wurde vorgeworfen, ich hätte mich zum Sprachrohr palästinensischer Propaganda machen lassen. Andere bezeichneten es als „ungeheuerliche historische Verklitterung" „die Naqba" – die „Katastrophe" der Palästinenser – „als eine Folge von Gerüchten" hinzustellen.

Zuerst einmal habe ich mich über die Reaktionen gefreut. Wenn widersprochen wird, zeigt das, dass wir wache Leser haben. Auch wenn wir im Israelreport keine Leserbriefdiskussionen abdrucken, so wird doch jedes Ihrer Schreiben von uns wahrgenommen. Sie haben Einfluss! Ich wünsche mir, dass in dem großen Kreis derer, die zum Israelreport beitragen – sei es durch Schreiben und Recherchieren, sei es durch Kritik und Reaktionen oder auch durch Gebete und Spenden – noch viele angeregte Gespräche entstehen.

Im letzten Israelreport-Editorial habe ich betont, dass unser Vorbild im Journalismus die Bibel sein soll. Während ich diese Zeilen schreibe, bereite ich mich auf eine Predigt in unserer Gemeinde vor. Der Text ist Markus 1,40-45, „Die Heilung des Aussätzigen". Jesus verbietet dem geheilten Aussätzigen, anderen davon zu erzählen, was er erfahren hat (V. 44). Trotzdem geht der Mann hin und fängt an, „viel davon zu reden und die Geschichte bekannt zu machen" (V. 45). War das nun richtig oder falsch, was dieser Mann gemacht hat?

Immerhin hat er eklatant gegen ein eindeutiges Gebot Jesu, das ihm ganz konkret und persönlich gegeben war, verstoßen. Aber die Schrift verurteilt ihn nicht. Hat Jesus ihm dann das Schweigegebot gegeben, um ihn durch das Verbot erst recht zum Reden anzuspornen? Das ist mir schwer vorstellbar. Die Bibel berichtet einfach, was geschehen ist und wie sich die Situation entwickelt hat. Nicht nur an dieser Stelle bleibt sie uns eine eindeutige Wertung schuldig.

Ich glaube, dass auch diese Tatsache, dass die Bibel eben kein plattes Gesetzeswerk ist, das blinden Gehorsam fordert, inspiriert ist. Die Heilige Schrift ist darauf angelegt, dass ihre Leser nachdenken, fragen, miteinander diskutieren – um dann darüber zu sinnen und zu beten. Übrigens: Die jüdische Tradition und Kultur hat das in ausgezeichneter Weise in die Praxis umgesetzt!

Wenn wir Ihnen nun im Israelreport meist nur Fakten, Beobachtungen und Entwicklungen vorsetzen, ohne diese unmittelbar zu kommentieren, dann nicht deshalb, weil das gerade „in" wäre. Zum einen möchte ich persönlich dem biblischen Beispiel folgen und zuerst einmal „nur" berichten, was ich wahrnehme – so arbeiten wie das der Arzt Lukas getan hat (siehe Lukas 1,1ff). Zweitens glaube ich, dass auch unser Wissen „Stückwerk" ist. Erst durch das Gespräch und Gebet in der „Gemeinde" soll eine Wertung entstehen – vielleicht viel behutsamer, als das in der Vergangenheit geschehen ist. Und schließlich bin ich davon überzeugt, dass unser Vater im Himmel wirklich der Herr der Geschichte ist, der sich durch das, was Journalisten berichten, „erweisen" wird, ob wir das wollen oder nicht.

Wie wichtig es ist, sich der Realität zu stellen, die eigenen Klischees und Vorurteile in Frage stellen zu lassen, ist mir jetzt Ende Juli wieder neu deutlich geworden. Auf den Spuren der UN-Friedenstruppen war ich auf einer Recherchenreise im Libanon und in Syrien. Mehrere Tage nahmen mich die Soldaten in ihre Welt und ihre Aufgaben mit hinein. Je besser ich diese Leute aus Indien und Österreich, Japan und Polen kennen lernte, desto mehr habe ich mich für so manche meiner vorschnellen Aussagen in der Vergangenheit über die „UN" als „Unwanted Nobodies" (= „Unbeliebte Nichtse" – so ein Autoaufkleber in Israel) geschämt. Es ist eine Sache, in der Sicherheit deutscher Vortragssäle große Sprüche zu klopfen – eine andere, Auge in Auge mit der Hisbollah zu stehen und dabei als Soldat einen Auftrag erfüllen zu müssen.

Lassen Sie uns auch weiterhin um die Fakten ringen und dann gemeinsam um das rechte Verständnis und vor allem auch, wie wir auf rechte Weise in unserem Umfeld Stellung beziehen.

Mit Risiko leben

Wenn die Leute hören wollen, wie man mit Risiko lebt, dann kommen sie zu uns Journalisten. Wollen wissen, wie das ist als Kriegsberichterstatter. Wenn man nach Gaza oder Dschenin fährt. An Straßensperren untersucht wird. Terroristen begegnet. Unterwegs mit Steinen beworfen wird. Schießereien miterlebt. Das Risiko, die Unsicherheit, mit der wir als Journalisten angeblich leben, machen uns so interessant. – Doch hier in Israel ist es ruhig. Es herrscht „Saure-Gurken-Zeit" für uns Journalisten. Gott sei Dank!

Dafür hat man an vielen Hochburgen der Sicherheit weltweit in den vergangenen Wochen erlebt, dass sicher Geglaubtes überhaupt nicht sicher ist. Wir leben alle – wirklich jeder von uns! – mit einem (scheinbar!) kalkulierten Risiko. Und das im besten Fall. Wenn wir vernünftig sind und die Augen aufmachen. Im schlimmsten Fall steckt unser Kopf im Sand. Wir fühlen uns sicher. Bis uns das entgleitet, was wir im Griff zu haben glaubten. Bis anfängt zu wanken, was wir unter Kontrolle zu haben meinten. Bis wir erkennen, dass es gefährlicher ist, sich sicher zu wähnen, als der Realität ins Auge zu sehen und auch einmal zuzugeben: Ich bin nicht Herr meiner Lage!

Ich habe große Hochachtung vor den Menschen, die mit offenen Augen durch ihre Welt gehen. Vor dem Finanzmakler, der bekennt: Ich verstehe nicht, was vor sich geht. Vor dem Arzt, der zugibt: Wir können nur die Symptome behandeln. Vor dem Politiker, der in aller Bescheidenheit zugibt: Ich tue, was ich kann. Die Welt, die wir uns so schön und sicher aufgebaut haben, ist in den vergangenen Wochen nicht „außer Kontrolle geraten" – sie war niemals unter unserer Kontrolle! Das ist Tatsache.

Jesus erklärte seinen Jüngern, dass Verführung, Kriege und Kriegsgeschrei, Hungersnöte, Erdbeben, Verfolgung kommen müssen (Matthäus 24,6). Aber, keine Angst, es kommt noch schlimmer! Der Schreiber des Hebräerbriefes geht davon aus, dass Gott alles, wirklich alles erschüttern wird, was uns heute fest und zuverlässig und vertrauenswürdig erscheint (vergleiche Hebräer 12,25-29).

Bei alledem geht es dem Neuen Testament weder um Panikmache noch um Sensationslust. Es geht darum, dass wir es wagen, der Realität ins Auge zu sehen. Bereit zu sein für das, was kommt. Damit wir im entscheidenden Augenblick nicht in Panik geraten, sondern überlegt und effektiv handeln können. Und vor allem anderen geht es darum, dass wir unsere Prioritäten richtig setzen. Licht sind in einer immer finsterer werdenden Welt. Dem Fatalismus, der aus den Utopien dieser Welt erwächst, die Hoffnung der Bürger eines „unerschütterlichen Reiches" entgegensetzen. Wer seinen Schatz im Himmel hat, den kann ein Börsenkrach auf Erden nicht erschüttern. Das ist keine fromme Theorie. Das muss Praxis werden in Ihrem und meinem Leben. Sonst ist all unser Christsein nur Schall und Rauch.

Gregorianisch singen

Nach jahrelangem Raketenbeschuss israelischer Städte begann an Weihnachten 2008 die Militäroffensive „Gegossenes Blei" gegen Einrichtungen und Mitglieder der Hamas im Gazastreifen. Am 18. Januar 2009 erklärte Israel einen einseitigen Waffenstillstand.

Bevor meine Überlegungen die israelische Operation „Gegossenes Blei" verteidigen sollen, möchte ich unmissverständlich klarstellen: Ich bin nicht „für" Krieg – und schon gar nicht „für" diesen Krieg. Ich kenne Menschen in Gaza – Christen und Muslime –, die sich jetzt angsterfüllt verkriechen, und ich habe mit denen gesprochen, die Raketen auf Israel schießen. Seit Jahren erlebe ich die Angst der Israelis. In Sderot gibt es eine kleine Gemeinde von messianischen Juden, mit der wir eng verbunden sind. Und jetzt bangen wir um messianisch-jüdische Geschwister, die in Uniform im Gazastreifen ihr Leben aufs Spiel setzen. Unfassbares menschliches Leid ist für mich in diesem Konflikt mit Namen und Gesichtern verbunden, die mir lieb sind – auf beiden Seiten!

Deshalb weiß ich aber auch, dass eine Ungleichheit in diesem Krieg besteht, die nur wenig zur Sprache kommt: Eine Seite stellt ihr Leiden schamlos vor der Weltöffentlichkeit zur Schau – während die andere Seite die Würde der Kriegsopfer zu wahren sucht. Aber ganz abgesehen davon ist menschliches Leiden noch nie ein guter Ratgeber bei der Beurteilung einer Sachlage gewesen. Ein Arzt, der sich vom Zustand seiner Patienten emotional zu sehr gefangen nehmen lässt, wird handlungsunfähig. Zudem ist der Nahostkonflikt ein Paradebeispiel dafür, wie die Fixierung auf Einzelschicksale Kausalzusammenhänge von Ursache und Wirkung verdrehen kann. Wer ernst genommen werden will, muss historische und ideologische Zusammenhänge verstehen.

Ganz nüchtern betrachtet, ist die erste Priorität der israelischen Regierung und ihrer Armee das Wohl ihrer eigenen Bürger –

nicht das der Palästinenser. Acht Jahre lang mussten israelische Gaza-Anrainer erdulden, wie ihre Regierung eine ganze Palette von Maßnahmen ausprobierte, um dem Terror aus Gaza Einhalt zu gebieten. Dabei müssen diese Menschen bis heute mit ansehen, wie ihre Regierung denen Lebensmittel liefert, die Raketen auf sie schießen. Wenn die israelische Armee jetzt hart durchgreift, dann deshalb, weil die israelische Führung keine andere Möglichkeit mehr sieht. Wirklich berechtigt ist die Kritik an der israelischen Regierung, warum sie ihre Bürger im nördlichen Negev so lange im Stich gelassen hat – noch dazu, wenn auf der anderen Seite nicht etwa gesprächs- und kompromissbereite Verhandlungspartner stehen, sondern die Hamas, die ein Existenzrecht des jüdischen Staates grundsätzlich ausschließt. Der Angriff auf Gaza war die längst überfällige Pflicht des Staates Israel gegenüber seinen Bürgern.

Dietrich Bonhoeffer soll einmal gesagt haben: „Nur wer für die Juden schreit, darf auch gregorianisch singen." Dieser Satz ist heute so aktuell wie selten zuvor. Wer in den vergangenen acht Jahren zum Leiden der israelischen Bevölkerung in den Gaza-Randgebieten geschwiegen hat, entlarvt sich durch jede jetzt an Israel geäußerte Kritik als Heuchler. Wem das Wohl der Palästinenser am Herzen liegt, der sollte jetzt nicht an Israel zeigen, wie gut er Kritik üben kann – sondern die palästinensische Führung und die arabischen Politiker an ihre eigene Verantwortung zum Frieden erinnern. Israel wird nie mehr sein Existenzrecht in Frage stellen lassen. Wer selbstverständlich annimmt, dass Juden sich terrorisieren lassen müssen, ist mitverantwortlich für die Folgen, die dadurch entstehen, dass Israel sich wehrt.

Hilfe!

Manchmal will ich „Hilfe!" schreien, wenn ich nach ausführlichen Recherchearbeiten alle „Informationspuzzleteilchen" vor mir liegen habe.

Ein Beispiel:

Puzzleteil Nr. 1: „Die Israelis wollen das palästinensische Volk vernichten." Das höre ich von arabischer Seite.

Puzzleteil Nr. 2: „Israel hat eine der besten Armeen der Welt." Darüber besteht wenig Streit.

Puzzleteil Nr. 3: „Der Gazastreifen ist das am dichtesten besiedelte Gebiet der Welt."

Puzzleteil Nr. 4: „Während der israelischen Offensive ‚Gegossenes Blei' wurden 1.300 Palästinenser getötet." Das behauptet die Hamas. Ein italienischer Journalist meinte nach einer Tour durch die Krankenhäuser im Gazastreifen, es könnten kaum mehr als 500-600 Tote sein. Dem widerspricht jedoch die israelische Armee, die von 1.200 toten Palästinensern ausgeht. Mehr als zwei Drittel davon seien Hamas-Leute, die man bereits namentlich identifiziert habe. Bleiben wir also – als Arbeitshypothese – bei den 1.300.

Puzzleteil Nr. 5: „44.000 Häuser im Gazastreifen sind nach der israelischen Militäroffensive unbewohnbar oder total zerstört." Diese Zahl nennt der palästinensische Sozialminister Mahmud Habbasch.

Wie bei so vielem, was man liest, kann man darüber einfach hinweglesen. Was im Kopf bleibt, ist ein Bild der Zerstörung, zerbombte Häuser, weinende Kinder, furchtbar Verletzte, Beerdigungen – als Folge der israelischen Zerstörungswut.

Man kann aber auch einen Taschenrechner zur Hand nehmen und feststellen, dass da etwas nicht stimmen kann. Muss die beste Armee der Welt auf dem am dichtesten besiedelten Flecken Erde wirklich 33 Häuser zerstören, um einen einzigen Palästinenser töten zu können?

Ich nehme als Beispiel Puzzleteil Nr. 3. Die Aussage, Gaza sei das am dichtesten besiedelten Fleckchen Erde, wird selbst von renommierten israelischen Journalisten bedenkenlos nachgeplappert. Dabei könnte jeder, der zu Hause einen PC und einen Internetanschluss hat, per Google nachprüfen, dass im Gazastreifen zwischen 3.820 und 4.270 Personen pro Quadratkilometer wohnen. Es gibt nur Schätzungen über die Bevölkerung im Gazastreifen – obwohl der größte Teil dieser Menschen von der UNO täglich gefüttert wird.

Zum Vergleich: In Berlin leben 3.750, in Warschau 4.300, in Tokio 4.750, in Moskau 4.900, in London 5.100, in Tel Aviv 7.445, in Kalkutta 24.000 und in Mumbai 27.209 Menschen pro Quadratkilometer. Wenn man der höchsten Zahl von 4.270 Personen pro Quadratkilometer Glauben schenken will, liegt der Gazastreifen auf Platz 54 der Bevölkerungsdichte weltweit.

Mit diesem Israelreport geben wir Ihnen wieder einmal „Puzzleteilchen", Überlegungen und Denkanstöße weiter. Das wird uns aber nicht das Weiterdenken, Mitdenken und miteinander Diskutieren ersparen.

Lech Lecha

„Lech Lecha!" fordert Gott den Abram auf. Die meisten Bibelübersetzungen geben das lapidarisch wieder mit: „Geh!" (1. Mose 12,1). Doch einfach nur „Geh!" würde „Lech!" bedeuten. Kurz angebunden, forsch, frech: „Hau ab!" – Wenn Gott will, dass Abram seine Sachen packt und sich auf den Weg macht, warum fordert er nicht einfach nur: „Lech!"?

In der Formulierung „Lech Lecha" steckt mehr, als nur die Aufforderung, sich auf den Weg zu machen. Das deutet Martin Buber an mit der Übersetzung: „Geh du!" – Wörtlich übersetzt bedeutet „Lech Lecha" „Geh für dich!", „Geh dir!" oder auch „Geh zu dir!"

Mehr als ein halbes Jahrhundert später sagt Gott zu Abraham – so heißt er zu diesem Zeitpunkt – noch einmal: „Lech Lecha!" – „Geh hin in das Land Morija und opfere dort deinen einzigen Sohn …" (1. Mose 22,2).

In beiden Fällen fordert Gott von dem Auserwählten, etwas Vertrautes loszulassen, um sich auf etwas Ungewisses einzulassen. In beiden Fällen sagt Gott nicht, wo es hingeht, sondern fordert Glauben: „Geh in ein Land, das ich dir zeigen werde!" – „Geh auf einen Berg, den ich dir sagen werde!"

Es gibt noch eine andere Stelle in der Heiligen Schrift, in der ein ähnlicher Begriff auftaucht. Im „Lied der Lieder" fordert der Bräutigam seine Braut gleich zwei Mal auf: „Steh auf, meine Freundin, meine Schöne und ‚Lechi Lach' – ‚komm für dich'!" (Hoheslied 2,10.13).

Wie der Bräutigam die Braut, so ruft Gott den Abram in eine exklusive, einzigartige, unvergleichliche Beziehung. Das „Anhangen" und „ein Fleisch werden" von Mann und Frau setzt voraus, dass „ein Mann seinen Vater und seine Mutter verlassen muss" (1. Mose 2,24). Wenn die Aufforderung Gottes an Abram allen Menschen gälte, wäre sie so pervers, wie wenn ein Mann alle Frauen aufforderte, seine Braut zu werden.

Der große deutsch-jüdische Bibelwissenschaftler Benno Jacob übersetzte das „Lech Lecha": „Durchschneide alle Bande, geh, ohne zurückzublicken". Dann erklärt er die Intention des einzigartigen Gottesbefehls: Er bezeichnet „die Uninteressiertheit an allem Sonstigen, sich um nichts anderes kümmern, als nur das Gehen an sich, sich darin verlieren, seinen eigenen Weg gehen". „Es ist die Forderung an den Gottberufenen, einzig seinen Weg zu gehen."

„Lech Lecha!", das ist die Grundlage der Erwählung Israels. Wenn wir den ausschließlichen und einzigartigen Charakter der Beziehung Gottes zum jüdischen Volk nicht anerkennen und stehen lassen – ohne gleich „Ja, aber ..." zu denken! – werden wir Israel nie verstehen. Und wir werden nie verstehen, was für eine Beziehung der lebendige Gott, der Gott Abrahams, Isaaks und Jakobs, mit uns – mit Ihnen und mit mir! – sucht.

Gott liebt nicht einfach nur alle Menschen und schüttet dementsprechend seine Liebe und Erlösung nach dem Gießkannenprinzip über der Welt aus. Er ruft Einzelne ganz konkret in die Nachfolge: „Komm für dich und geh für dich – auf den Weg, den ich dir zeigen werde!"

Landkarte oder Wegbeschreibung?

Gedankenanstoß zum Umgang mit dem prophetischen Wort

Umso fester haben wir das prophetische Wort, und ihr tut gut daran, dass ihr darauf achtet als auf ein Licht, das da scheint an einem dunklen Ort, bis der Tag anbreche und der Morgenstern aufgehe in euren Herzen. (2. Petrus 1,19)

Wir stehen auf einem breiten Fundament der Tradition. Gott sei Dank dafür! Unsere geistlichen Väter haben ernst genommen, was schon Mose den Israeliten eingeschärft hatte: „Diese Worte, die ich dir heute gebiete, sollst du zu Herzen nehmen und sollst sie deinen Kindern einschärfen" (5. Mose 6,6f.). So wurden viele wertvolle Gebräuche, Denkweisen und Erkenntnisse von den Vätern an die nachfolgenden Generationen weitergegeben.

Das Erbe der Reformation ist, Traditionen immer wieder am Maßstab der Heiligen Schrift zu prüfen. Manche prophetische Modelle der Vergangenheit stellen sich selbst in Frage. Sie haben den Großteil der gläubigen Christenheit in Deutschland nicht vor der Verführung des Nationalsozialismus bewahrt. Verschämt wird heute verschwiegen, was geachtete Bibellehrer vor drei oder vier Jahrzehnten verkündet haben. Gleichgültigkeit, Lustlosigkeit und Aversion, wie sie uns heute begegnen, wenn prophetische Texte der Bibel zur Diskussion gestellt werden, gehören zu den Früchten der Spekulationsfreude vergangener Generationen.

Die Welt, in der wir leben, ist dunkel. Wir brauchen Orientierung. Wir brauchen das prophetische Wort, um bleibende Frucht bringen zu können. Sprachlosigkeit oder Sprachgewirr kennzeichnen heute die Gemeinde Jesu und sind Symptome dafür, dass ein Kommunikationsproblem zwischen uns und Gott besteht. Wir brauchen echte, vom Heiligen Geist gewirkte Prophetie, die uns nicht nur vorhersagt, was geschehen wird, sondern vor allem auch vorhersagt, wo und wie der lebendige Gott heute wirkt. Konkrete Wegweisung ist dringend nötig, wenn wir heute eine Stellung beziehen wollen, für die wir uns morgen nicht schämen müssen.

Der Apostel Petrus fährt fort:

Und das sollt ihr vor allem wissen, dass keine Weissagung in der Schrift eine Sache eigener Auslegung ist. Denn es ist noch nie eine Weissagung aus menschlichem Willen hervorgebracht worden, sondern getrieben von dem Heiligen Geist haben Menschen im Namen Gottes geredet (2. Petrus 1,20f.).

Die Schrift steht nicht zur Debatte. Als Wort Gottes ist und bleibt sie unbedingt vertrauenswürdig. Was allerdings zur Diskussion stehen soll, ist unser Umgang mit dem, was Menschen unter der Inspiration des Heiligen Geistes geredet und geschrieben haben. Wir müssen lernen, die Brille, durch die ein jeder von uns die Bibel liest, zu erkennen. Fatal wird unser Umgang mit der Schrift, wenn wir das ursprüngliche Wort Gottes mit der Auslegung von Menschen in eins setzen oder gar verwechseln. Da kann es dann passieren, dass jungen Leuten, die zu Recht kritisch hinterfragen, was sie gelernt haben, das Vertrauen auf das Wort des lebendigen Gottes unter den Fingern zerrinnt, wenn eigentlich nur ein menschliches System Risse aufzeigt.

Es geht nicht darum, jetzt **das** neue und entscheidende Modell vorzustellen, durch das Gottes Wort verständlich würde. Das wäre vermessen. Ich wünsche mir ein Gespräch in den Gemeinden und Kreisen, die die Bibel als Wort Gottes ernst nehmen. Ein Gespräch, in dem unter der Autorität der Heiligen Schrift jeder Gedanke erlaubt ist, ausgesprochen werden darf und mit kritischer Liebe geprüft wird.

Erlauben Sie mir ein Beispiel:

Stellen Sie sich vor, wir veranstalten ein Seminar. Es geht um „den rechten Weg". Wir haben zwölf Arbeitsgruppen, die unabhängig voneinander arbeiten. Jede Gruppe bekommt eine

Wegbeschreibung, die etwa folgendermaßen aussieht: „Fahren Sie auf der Autobahn A 7 bis zur Ausfahrt Jerusalem. Dort abbiegen in Richtung Ninive. Fahren Sie immer geradeaus, bis rechter Hand nach einigen Kilometern eine Tankstelle auftaucht. Von dort aus folgen Sie dem Wegweiser Babylon. Nach einigen Kilometern beginnt auf der linken Straßenseite ein Wald, rechts ist freies Feld. Wenn auf der rechten Seite zwei große Bäume zu sehen sind, kommen Sie kurz darauf an eine Gabelung. Nehmen Sie die rechte Abzweigung ..."

Aufgabenstellung für unsere zwölf Arbeitsgruppen ist nun, anhand der Wegbeschreibung eine möglichst genaue Landkarte zu zeichnen. An Experten fehlt es nicht, jeder Gruppe ist ein Kartograph zugeteilt. Ursprünglich ist die Wegbeschreibung auf Chinesisch verfasst worden. Aber auch dafür gibt es in jedem Team einen Fachmann. Alle wissen, wo die A 7 beginnt und in welcher Richtung Jerusalem liegt. Aber keiner kennt das Land, die geografischen Gegebenheiten, um die es geht. Niemand weiß, wie lang die Wegstrecken zwischen den Orientierungspunkten sind. Nur das Ziel ist klar, und alle wollen dort hin.

Die Wegbeschreibung ist absolut zuverlässig. Darin sind sich alle Seminarteilnehmer einig. Deshalb haben wir in den verschiedenen Arbeitsgruppen bald heftigste Wortgefechte. Alle nehmen den Wortlaut und selbst kleinste Details äußerst ernst. In der einen Arbeitsgruppe ist ein Streit darüber ausgebrochen, was das wohl für eine Tankstelle ist, die auf der rechten Seite einige Kilometer nach der Ausfahrt Bethlehem aufzutauchen hat. Andere liegen sich darüber in den Haaren, welche Art von Bäumen vor der Weggabelung stehen wird.

Gegen Ende des Seminartages haben wir nicht nur zwölf verschiedene Landkartenentwürfe vorliegen. Eine ganze Reihe verschiedener „Treibstoffdenominationen" sind fest davon überzeugt, dass nur das Ergebnis ihrer Raffinierung sicher ans Ziel bringt. Und eine kaum übersehbare Anzahl von Orden und Gemeinschaften weiß ganz genau, welche Früchte die beiden genannten Bäume zu welcher Zeit bringen werden – von Zeit zu

Zeit werden sie sich zwar korrigieren müssen, aber das tut ihrer Kenntnis keinen Abbruch, sondern vertieft diese nur. Der größte und stillere Teil der Seminarteilnehmer ist frustriert, kann es nicht genau erklären, weiß aber intuitiv, dass irgendetwas schiefgelaufen ist. Alle sind irgendwie schlauer – aber kein einziger der Seminarteilnehmer ist am ersehnten Ziel angekommen.

Soweit mein Beispiel.

Könnte es sein, dass wir das prophetische Wort der Bibel als Anleitung zum Landkarten malen missbrauchen, obwohl es als Wegbeschreibung gedacht ist?!

„Na'aseh VeNischma'" beantwortete das Volk Israel die Verlesung des Bundesbuches am Sinai: Alles, was der Herr gesagt hat, wollen wir „tun und hören"! (2. Mose 24,7). Das war kurz, bündig und einprägsam. Aus unserer heutigen Sicht in der biblischen Reihenfolge vor allem aber total unlogisch: Zuerst das Tun, dann das Hören?!??

Ist es nicht so, dass wir gelernt haben, zuerst die Schrift zu lesen, möglichst in der Ursprache oder einer wörtlichen Übersetzung?! Dann bemühen wir uns darum, zu verstehen, was der Text damals zu bedeuten hatte, was er heute für uns bedeuten könnte, und ob er überhaupt noch relevant ist. Wenn wir dann verstanden zu haben meinen, was die Schrift uns heute sagen will, bedeutet das noch lange nicht, dass wir das auch tatsächlich tun – denn wir sind ja nicht „unter dem Gesetz" ... Fakt ist: Wir verhalten uns genau gegenteilig zu *„Na'aseh VeNischma'"*.

Mein Anliegen ist, nicht nur die Bibel zu lesen – und ihre Aussagen dann unter der kritischen Brille ***meiner*** heutigen humanistischen Maßstäbe in ***meine*** moderne Lebensphilosophie einordnen. Ich will die Bibel lesen, so wie sie selbst gelesen werden will. Gott hat nicht mir auf meine Fragen zu antworten, sondern ich ihm auf seine! Wie können wir biblisch die Bibel verstehen?

Zu Abram sprach der Herr: „Geh aus deinem Vaterland … in ein Land, das ich dir zeigen will" (1. Mose 12,2). Soweit uns der biblische Text informiert, wusste Abram nicht, welches Land das sein sollte. Ebenso zehn Kapitel und mehr als ein halbes Jahrhundert später: „Nimm Isaak, deinen einzigen Sohn, den du lieb hast, und geh hin in das Land Morija und opfere ihn dort zum Brandopfer auf einem Berge, den ich dir sagen werde" (1. Mose 22,1f.).

Erst im Gehen, durch den Gehorsam, würde Abram mehr verstehen. Wenn Abram nicht gegangen wäre, sondern sich nur theoretisch-theologisch Gedanken über den weiteren Weg gemacht hätte, hätte er wohl nie erfahren, welches Land ihm Gott geben wollte und wie der Berg hieß, auf dem einmal das geistliche Zentrum seiner Nachfahren entstehen würde. Gehorsam ist der Schlüssel zur weiteren Erkenntnis.

Abraham ist für uns der Vater des Glaubens (Römer 4), das Vorbild für unsere Gottesbeziehung schlechthin. Wenn wir wissen wollen, wie Gott mit uns handeln will, müssen wir Abraham betrachten – nicht unsere Wünsche, Vorstellungen oder Prägungen. Und schon gar nicht den Zeitgeist, der uns suggerieren will, wie eine Beziehung auszusehen hat. Am schlimmsten ist allerdings, wenn wir meinen, es sei doch alles klar, weil es immer schon so war … und uns deshalb überhaupt keine Gedanken machen, wie unsere Beziehung mit dem Vater im Himmel aussehen soll.

Die Art und Weise wie wir traditionell mit Prophetie umgehen, finden wir auch in der Heiligen Schrift: „In vierzig Tagen wird Ninive untergehen!" (Jona 3,4). Was der Prophet Jona da zu verkündigen hatte, war keine Bußpredigt. Da war keine Bedingung, etwa nach dem Motto: „**Wenn** ihr nicht umkehrt, **dann** wird Ninive untergehen!", und auch kein Ruf zur Umkehr. Jonas Botschaft war eine einfache Voraussage. Und der Prophet tat genau das, was wir heute tun würden, wenn wir irgendwo in der Heiligen Schrift eine so eindeutige Voraussage für unsere Zeit fänden: Er setzte sich in sicherer Entfernung auf eine Anhöhe vor die assyrische Hauptstadt und wartete darauf, dass Gott sein Wort erfüllt.

Aber Gott dachte offensichtlich gar nicht daran, zu seinem Wort zu stehen und es wortwörtlich ins Tagesgeschehen umzusetzen. Deshalb finden wir am Ende des Buches Jona den Propheten unter seinem verdorrten Rizinusstrauch sitzen. Er ist sauer auf Gott, stocksauer. „Ich möchte lieber tot sein als leben!" (Jona 4,8) wird seine Stimmung zusammengefasst.

Offen gesagt: Wenn ich in der Situation des Jona wäre, und Sie, liebe Leser, so genau meine Botschaft gehört hätten, wie wir sie heute im Buch Jona nachlesen können, wäre ich auch verärgert. Jona kannte ganz bestimmt, was Mose dem Volk Israel schon in der Wüste als Unterscheidungsmaßstab von rechter und falscher Prophetie an die Hand gegeben hatte: „Wenn der Prophet redet in dem Namen des Herrn und es wird nichts daraus und es tritt nicht ein, dann ist das ein Wort, das der Herr nicht geredet hat. Der Prophet hat's aus Vermessenheit geredet" (5. Mose 18,22). Offensichtlich hatte Gott den Jona durch seinen Sinneswandel zum Lügenpropheten gemacht. Oder?!

Könnte es sein, dass Jonas und unsere Art, Prophetie zu verstehen, dem Wesen des Wortes Gottes widerspricht?

Abraham war aus einem anderen Holz geschnitzt als Jona und viele seiner modernen Nachfolger. Also, wenn Gott zu mir gekommen wäre und mir mitgeteilt hätte: „Ich muss jetzt Sodom und Gomorra vernichten!", hätte ich ihm gewiss nicht widersprochen. „Dein Wille geschehe!" hätte ich eventuell gemurmelt (der moralische Zustand der Leute dort unten am damals noch nicht toten Meer war eindeutig – aber das als Sünde zu bezeichnen, ist heute auch nicht mehr „politisch korrekt") – und vielleicht hätte ich dann noch hinzugefügt: „Gibt es eine Möglichkeit zuzusehen?!" (schließlich bin ich ja Journalist und muss über alles Wesentliche aus erster Hand berichten können ...)

Abraham war anders. Er fing an, mit Gott zu feilschen. Es ist interessant, dass der alttestamentliche Text, der sonst so sparsam mit Worten umgeht, diese Szene in 1. Mose 18 ab Vers 16 so ausführlich beschreibt. Gott hatte sich gesagt: „Wie könnte ich Abraham verbergen, was ich tun will." Abraham hätte sich darüber freuen und darauf ausruhen können: „Gott vertraut mir etwas an, das sonst keiner weiß …!" Aber das tut er nicht. Er ringt mit Gott – und es gibt Schriftausleger, die meinen, der Glaubensvater habe nur einen Fehler gemacht: Er hätte nicht bei Zehn aufhören dürfen, mit Gott zu verhandeln. Dann hätte er Sodom und Gomorra retten können.

Einen ähnlichen Umgang mit dem prophetischen Wort wie bei Abraham sehen wir fast eineinhalb Jahrtausende später beim Propheten Daniel. Daniel hatte bei Jeremia (25,12; 29,10) gelesen, dass sein Volk nach 70 Jahren babylonischer Gefangenschaft wieder in sein Land heimkehren sollte (Daniel 9). Aber er begnügte sich nicht mit dem Wissen und wartete nicht nur darauf, dass Gott sein Wort erfüllte. Er „raffinierte" sein prophetisches Wissen zu Gebet – und betete auf eine Art und Weise, die uns Christen vollkommen abhanden gekommen zu sein scheint.

Daniel betete: „**Wir** haben gesündigt, Unrecht getan, sind gottlos gewesen und abtrünnig geworden; **wir** sind von deinen Geboten und Rechten abgewichen …" (Daniel 9,5). Nirgends in der Schrift sehen wir, dass Daniel gesündigt oder Unrecht getan hätte, gottlos gewesen oder abtrünnig geworden wäre. Im Gegenteil, wenn es eine Person in der Geschichte gibt, die geradlinig und unkorrupt war, dann Daniel! Aber er identifiziert sich so vollkommen mit dem Unrecht des auserwählten Volkes.

Vor einiger Zeit erwähnte ich im Gespräch eher nebenbei, dass „wir" für den Holocaust verantwortlich seien und mit dieser Vergangenheit leben müssten. Ich habe mich zwar nicht persönlich und aktiv am Holocaust beteiligt. Damals war ich noch gar nicht auf der Welt. Aber ich gehöre zweifellos zum deutschen Volk. Ich bin Deutscher. Eine deutsche Christin, die das hörte, fuhr mir über den Mund: „Das warst nicht du, sondern Deutsche, die von Gott nichts wussten!"

Ganz aktuell, um noch ein zweites Beispiel zu nennen, beschäftigt mich „unser" deutscher Papst, der es schafft, im Mai 2006 in Auschwitz eine Rede zu halten, ohne den Judenhass als Ursache zu benennen, und jetzt, im Mai 2009, in der israelischen Holocaustgedenkstätte Jad Vaschem aufzutreten, ohne auch nur eine Spur von Reue oder Buße spüren zu lassen. Dafür hielt er eine gelehrte Rede voller theologischer Richtigkeiten. Dass er nachher (oder bei anderen Gelegenheiten auch früher schon) gesagt haben soll, was sich gehörte, beziehungsweise Juden hätten hören wollen, ist hier nicht relevant. Es geht um eine Herzenshaltung. Die Worte sind nur Symptome.

Wie anders war auch der Prophet Jeremia mit seinem Wissen umgegangen, vor allem mit dem Wissen um die Schuld seines eigenen Volkes. Als Gott vom unausweichlichen Gericht sprach, fiel ihm Jeremia regelrecht in die Arme. Dreimal verbietet ihm Gott, für Israel zu beten (Jeremia 7,16; 11,14; 14,11), bevor er dem hartnäckigen Propheten über den Mund fährt: „Wenn auch Mose und Samuel vor mir stünden, so habe ich doch kein Herz für dies Volk. Treibe sie weg von mir, und lass sie weggehen!" (Jeremia 15,1). Ist es ein Zufall, dass ausgerechnet Jeremia zum Heilspropheten für Israel werden durfte, wie kein anderer? Oder war seine Fürbitte der Schlüssel dafür, dass Gott ihm mehr anvertrauen konnte?

Spiegelt unsere Auslegung des prophetischen Wortes, unsere Reaktionen auf das, was Gott in unsere Zeit hinein spricht, unser Wesen, Denken, Reden, Wünschen und Beten wider, dass wir durch den Heiligen Geist von dem geprägt sind, der keinen Gefallen am Tod des Gottlosen hat (Hesekiel 18,23)? Sinngemäß sagte mir vor einiger Zeit ein orthodoxer Rabbiner, mit dem ich mich über den rechten Umgang mit dem prophetischen Wort unterhielt, folgendes: „Gottes Drohbotschaften sollen uns zur Umkehr treiben. Sie sind von unserem Verhalten abhängig, an Bedingungen gebunden. Gottes Frohbotschaften dagegen sind bedingungslos" – weil wir uns nichts, aber auch gar nichts vor ihm verdienen können. Alles, wirklich alles ist Gnade!

Könnte es sein, dass wir Christen deshalb so oft bei den Gerichtsprophetien stehen geblieben sind, weil wir den rechten Umgang damit verlernt haben? Wenn ich die Worte Jesu richtig verstehe, dann hat er uns in die „Nach-folge" berufen und nicht ins „Voraus-wissen". Das bedeutet aber auch, dass er uns ganz praktisch nur das an Wissen anvertraut, was wir jetzt, heute brauchen, um die richtigen Schritte zu tun, oder auch, um unser Verhalten so zu prägen, dass wir uns künftig in der entscheidenden Situation richtig verhalten.

Nach der Auferstehung offenbarte sich Jesus seinen Jüngern am See Genezareth. Mit dem Apostel Petrus war noch eine Rechnung offen. Jesus hatte ihm eigentlich versprochen: „Du bist Petrus, und auf diesen Felsen will ich meine Gemeinde bauen" (Matthäus 16,18). Dann hatte sich dieser „Felsen" aber als ziemlich zeitgeistkonform erwiesen. Er hatte sich selbst verflucht und geschworen: „Ich kenne den Menschen nicht, von dem ihr redet!" (Markus 14,71). Dreimal fragt der auferstandene Herr nun diesen Jünger: „Simon, Sohn des Johannes, hast du mich lieb?" (Johannes 21,15ff). Jesus stellt Petrus eine konkrete und persönliche Frage, erwartet eine direkte Antwort und hat dann einen Auftrag, der ausschließlich und unübertragbar für Simon Petrus gilt.

Als Petrus dann dies eher peinliche Gespräch mit seinem Herrn überstanden hatte, stellte er die Frage, die so typisch ist für christliche Prophetieexperten: „Herr, was aber ist mit diesem?" – und weist auf den Lieblingsjünger Johannes. Auch wir wollen so oft so viel über andere wissen – objektiv, aus sicherer Entfernung und ohne eigentliche Relevanz für den Weg, den Jesus uns führen will. Die Antwort des Herrn an den Neugierigen ist: „Was geht's dich an?!" (Johannes 21,22). Könnte es sein, dass viele unserer prophetischen Fragestellungen dieselbe Antwort verdient haben?

Eines noch zum Schluss: Wenn ich die Heilige Schrift mit einer Wegbeschreibung vergleiche, will ich sie auf keinen Fall abwerten. Niemand soll denken: Wenn die Bibel „nur" eine „Wegbeschreibung" ist, dann muss ich ja nicht so viel Mühe investieren, um sie zu verstehen. Im Gegenteil: Wenn ich auf dem Weg im entscheidenden Augenblick richtig reagieren will, ist es ganz wichtig, die Wegbeschreibung im Wortlaut genau, am besten sogar auswendig zu kennen.